자영업자 생존일기

자영업자 생존일기

초판 1쇄 발행 2025. 4. 30.

지은이 박영훈
펴낸이 김병호
펴낸곳 주식회사 바른북스

편집진행 황금주
디자인 김효나
삽화 조재은

등록 2019년 4월 3일 제2019-000040호
주소 서울시 성동구 연무장5길 9-16, 301호 (성수동2가, 블루스톤타워)
대표전화 070-7857-9719 | **경영지원** 02-3409-9719 | **팩스** 070-7610-9820

• 바른북스는 여러분의 다양한 아이디어와 원고 투고를 설레는 마음으로 기다리고 있습니다.

이메일 barunbooks21@naver.com | **원고투고** barunbooks21@naver.com
홈페이지 www.barunbooks.com | **공식 블로그** blog.naver.com/barunbooks7
공식 포스트 post.naver.com/barunbooks7 | **페이스북** facebook.com/barunbooks7

ⓒ 박영훈, 2025
ISBN 979-11-7263-343-1 03810

• 파본이나 잘못된 책은 구입하신 곳에서 교환해드립니다.
• 이 책은 저작권법에 따라 보호를 받는 저작물이므로 무단전재 및 복제를 금지하며,
이 책 내용의 전부 및 일부를 이용하려면 반드시 저작권자와 도서출판 바른북스의 서면동의를 받아야 합니다.

자영업자 생존일기

박영훈

스물일곱,
취업 대신 장사하다

바른북스

프롤로그

캄캄한 가게에 문을 열고 들어가 불을 켠다. 지난밤 주문한 식자재가 가게 입구에 쌓여 있다. 하나하나 정해진 자리에 옮긴다. 주방에 들어가 튀김기를 켜고 재료들을 손질한다. 적막한 가게에는 술을 담는 냉장고 모터 돌아가는 소리만 울린다. 장사할 준비가 끝나면 얼른 카운터에서 음악을 틀어 손님 맞을 준비를 한다. 스물일곱, 호기롭게 시작한 장사가 벌써 5년이 되었다. 대단한 실력이 있는 것도 아니었거니와 철저히 준비하지 않았기 때문에 위기도 겪었다. 그래도 시간이 흐르고 경험이 쌓여 뭐든 어색하던 샌님에게서 어엿한 자영업자의 모습이 보이게 되었으니 다행이다.

돌이켜 생각해 보면 그야말로 악으로 깡으로 버텨온 생존의 연속이었다. 새로 문을 연 가게 열 곳 중에서 여덟 곳이 5년 안에 문을 닫는다고 한다. 요새 부쩍 자영업이 어렵다는 기사들이 많아졌다. 우리가 무심코 지나친 가게에는 한 사람과 가족의 생존이 달렸으니 가볍게 여길 일은 아니다. 하나의 가게가 그 자리에 존재하기까지 얼마나 많은 피땀 눈물을 흘렸을지는 감히 예상할 수도 없다. 장석주 시인의 〈대추 한 알〉에서 시인은 대추를 보며, "저게 저절로 붉어질 리는 없다/저 안에 태풍 몇 개/저 안에 천둥 몇 개/저 안에 벼락 몇 개"라며 평소엔 생각지도 못한 붉고 둥근 대추 한 알의 내력과 역사를 이야기한다. 우리가 무심코 지나친 가게도 얼마나 많은 순간이 쌓여 지금 그 자리를 지키고 있는지 우리는 상상이나 할 수 있을까.

이 책은 지난 5년 동안 장사를 하며 남긴 일기와 기억을 풀어낸 것이다. 자영업을 경험하지 않은 분들은 나를 통해 자영업 세계를 어렴풋이나마 들여다볼 수 있기를 바란다. 또 자영업에 뛰어들기로 결심한 분들에게는 조금이나마 도움이 되었으면 한다. 내가 저지른 시행착오를 반복하지 않기를 바라는 마음이다. 장사를 하는 동안에 나의 행동과 의지와는 무관하게 큰 어려움을 겪기도 했다. 코로나가 그랬고 플랫폼 기업의 태도 변화가 그랬다. 이를 통해 어떤 가게의 성공은 온전히 가게 주인의 노력으로 쟁취한 게 아니며 어떤 가게의 실패도 가게 주인의 나태함과 부족함으로 받은 형벌이 아님을 알리고 싶다. 자신과 다른 삶을 사는 사람들, 그중에도 소외되고 어려움에 빠진 사람들에게 단호하고 엄격한 판단으로 책임을 지적하기보다 포용하고 공감하는 공동체가 되기를 바라는 마음도 담았다.

이제 백만 가지 각자 다른 삶을 사는 자영업자 중에서 평범한 한 사람의 이야기를 시작한다. 수고를 마다하고 나의 이야기를 듣기 위해 찾아온 분들께 고개 숙여 감사의 인사를 드린다.

목차

프롤로그

어쩌다 자영업자 _ 10
광고 전화에 시달리는 자영업자들 _ 22
미신과 확신 _ 32
대리운전을 하는 술집 사장 _ 41
코로나는 자영업자를 잡아먹고 _ 58
알바생을 찾습니다 _ 73
따라 하기와 개성 _ 84
쉬운 창업 무한경쟁 _ 93
우삼겹 밑장 빼기 _ 106
독일 대감댁 소작농 _ 114
잔인한 약탈자 배·쿠·요 _ 129
만화방 연체료의 기억 _ 145
맛탕 그리고 손님 _ 153
자영업도 빈익빈 부익부 _ 163
호시탐탐 노리는 탈출 _ 176
"건물주를 이길 순 없어요." _ 187
자영업자의 하루 _ 198
가지치기 _ 206
자영업자도 국민인데요 _ 213
글로벌 달달포차 _ 226
슬럼프 _ 236
약한 고리 자영업자 _ 246

에필로그

• • • •
어쩌다 자영업자

 어쩌다 내가 자영업자가 되었을까. 나는 부유하진 않지만 그렇다고 부족하지도 않은 정말로 평범한 가정에서 자랐다. 기억나는 아주 어릴 때부터 아빠는 회사에 다녔고 엄마는 주부였다. 유치원이 끝나고 놀이터에서 친구들과 놀다가 저녁 먹을 시간쯤에 집에 가면 얼마 지나지 않아 아빠가 퇴근하고 집에 오셨다. 아빠는 아침에 출근하고 저녁 6시가 넘어서 집에 오는 게 당연하다고 생각했다. 부모님이 마트를 운영하거나 제과점을 하는 친구도 있었는데 유별나고 특이한 것이었다. 그때 나의 좁은 세계 속에서 정상적인 가족의 모습은 아빠는 아침에 출근하고 엄마는 집안일을 하는 것이었다. 나는 커서 어떤 모습이 될지 궁금할 때도 있었지만 아빠처럼 아침에 출근해 저녁에 퇴근하는 직장인이 되지 않을까 결론 짓곤 했다. 저녁 장사하는 자영업자는 전혀 상상도 못 할 때였다.

 부모님은 내가 스무 살이 되면서부터 용돈을 주지 않았다. 부모님의 교육관에 따라 스무 살부터 필요한 돈은 스스로 벌어야 했다. 나는 친구들처럼 고깃집, 식당, 치킨집 같은 곳에서 아르바이트했고 지역신문 기자와 학원 강사까지 하면서 생활비를 벌었다. 고등학교를 졸업하고 이십 대 내내 아르바이트를 하면서 자영업자가 어떤 것인지 대강 알게 되었으나 별 관심은 없었다. 자영업자 사장님 밑에서 일을 하면서도 내가 자영업자, 사장이 된다는 건 상상조차 하지 못했다. 저녁에 텔레비전에서 자영업자에 대한 뉴스가 나와도 별생각이 없었다. 그때까지 자영업자의 세계는 나와는 전혀 다른 세계의 이야기였다. 나는 평생 요리를 배운 적이 없는, 단지 시급을 받고 일하며 손님을 접대하는 아르바이트생일 뿐이었다. 대학 때 전공도 법학과 철학이다 보니 장사와는 아무런 관련이 없었다. 친구들이 나를 보고 취업이 안 되면 치킨집 차리게 될 거라고 놀릴 때면 그럴 일은 절대 없다고 고개를 절레절레 흔들었다.

2020년 5월 17일

건물주와 계약을 했다. 가게가 오래되어 새로 인테리어를 해야 할 것 같다. 봄날 오후의 햇살이 포근해서 가게 근처를 산책했다. 학생들이 왁자지껄 이야기를 나누며 걸어간다. 대학교 거리에서만 느낄 수 있는 분위기가 좋다. 학생들로 북적이는 낯선 학교 앞을 걸으니 신입생이 된 것 같았다. 정말로 내가 장사를 시작한다는 생각에 기분이 묘했다. 왠지 장사가 잘될 거 같다.

  정확히 묻지는 않았었는데 무슨 이유에서였는지 사십 대 초반의 아버지는 회사를 갑작스레 그만두셨다. 어린 나이였지만 무겁게 가라앉은, 뒤숭숭한 집안 분위기를 느낄 수 있었다. 얼마 지나지 않아 부모님은 함께 서울시 구로구에서 작은 삼겹살 가게를 시작했다. 구로 전화국 사거리 근처였는데, 엄마가 장사 수완이 좋으셨는지 장사는 그럭저럭 되었다. 아직 어렸던 나는 동생 손을 잡고 엄마가 택시비로 놓고 간 5,000원을 들고 가게에 놀러 가기도 했다. 가게에 가면 고기를 구워 먹었다. 처음에야 공짜로 고기를 먹을 수 있으니 마냥 행복했지만 철이 조금 들고 나서는 팔아야 할 고기를 이렇게 먹어도 될까 하는 생각이 들었다. 하지만 멈칫하는 순간은 금세 지나갔고 나는 엄마가 구워준 삼겹살을 맛있게 먹었다. 짜장면집 자식은 짜장면을 안 먹는다고 하는데, 고깃집 아들은 고기를 좋아하고 잘 먹었다.

몇 년 후에 아버지는 우리가 살던 광명시에 또 다른 고깃집을 열었다. 원래 운영하던 고깃집은 엄마가 도맡아 하고 동시에 새로운 가게를 열었던 걸 보면 벌이가 나쁘지 않았던 것 같다. 2000년대 초반까지는 다들 그랬던 것 같다. 가게를 열면 그럭저럭 생계에는 문제가 없는 시대였다. 그렇게 부모님은 내가 고등학교를 졸업하기 직전까지 고깃집을 하셨다.

내가 부모님을 보며 수박 겉 핥기로 느낀 장사라는 것은 아주 고된 일이었다. 1년에 쉬는 날도 별로 없이 새벽 늦게까지 일해야 하는 중노동이었다. 부모님은 설날과 추석 정도만 쉬었다. 장사를 하기 전 회사에 다니던 아빠는 새벽같이 일어났는데, 고깃집을 하고 나서는 정오가 되어서야 잠자리에서 일어났다. 아침 일찍 일어나 아침밥을 준비하던 엄마의 모습도 더 이상 볼 수 없었다. 점심이 지날 때까지 잠을 자는 부모님의 모습을 안

방 문 앞에서 슬그머니 바라볼 때면 장사가 체력적으로 얼마나 힘든 일인지 느낄 수 있었다. 그때마다 그렇게 힘들게 일하느니 나는 반드시 회사에 다니는 직장인이 되어야겠다고 생각하곤 했다.

월급 또박또박 받는 직장인이 되겠다는 목표가 있었던 나는 어쩌다 자영업자가 되었다. 다른 사람들은 어쩌다 자영업자가 되었을까. 대부분 직장의 근로 조건이 불만족스럽거나 자기 사업을 하는 꿈을 실현하기 위해서, 혹은 취업이 어려운 상태에 놓여서, 아니면 가족이나 지인이 창업을 권유하거나 도움을 주거나 하는 이유로 자영업을 선택한다. 나는 지인이 권유한 경우에 속한다. 전용기 선배가 2020년 총선에서 국회의원에 당선되어 더 이상 가게를 운영하지 못하게 되자 바로 밑의 후배인 나에게 가게를 넘긴 것이다. 선배가 운영했던 가게, 달달포차는 낮에 다른 활동들을 하면서 생계를 유지하기에 꽤 괜찮은 수단이며 남에게 팔기는 아까우니 후배인 내가 운영하는 게 낫다는 이유였다. 결정하는 데는 오랜 시간이 걸리지 않았다. 당장 돈을 벌 수 있는 수단이 필요했고, 대학을 졸업한 상태가 아니어서 취업은 어려웠기 때문이다. 술집을 해보는 게 어떻겠냐는 애기를 처음 들었을 때는 치밀하고 계획적인 생각 같은 건 없었다. 적당히 2년 정도 하다가 다른 사람에게 팔면 좋겠다는 생각, 한편으론 막연히 잘되지 않을까 하는 긍정 편향의 생각이었다. 이 글을 쓰고 있는 지금이야 손님도 꽤 많고 가게가 잘되고 있기에 장사하길 잘했다고 생각하지만 그때의 결정은 대단히 무모했고 마주친 현실은 난관의 연속이었다.

대부분 지하 가게는 지하 특유의 습기와 냄새가 있다. 관리가 잘 안되어 있는 곳이라면 곰팡이 특유의 꿉꿉한 냄새까지 난다. 지하인데도 그런 냄새가 나지 않는다면 가게 주인이 엄청난 노력을 기울인 것이다. 달달포차를 인수하고 나서 오랫동안 문을 닫았던 가게에 처음 들어갔을 때는 충격이 컸다. 가게는 오래 방치된 지하실 냄새가 났고 습했다. 물난리가 났던 시흥에 봉사활동을 갔던 기억이 떠올랐다. 가구와 벽지가 물을 머금고 있어서 마치 목욕탕에 와 있는 것 같았던 어느 집에 들어갔을 때, 그 느낌이었다. 어디서부터 시작해야 할지 막막했지만, 그냥 열심히 청소하기로 했다. 이미 시작하기로 마음먹었으니 그것 말고 다른 방법은 없기도 했다.

가게는 새로 단장하기로 했다. 운영한 지 5년 정도 되었기 때문에 낡기도 했고 무엇보다 인테리어가 마음에 들지 않았다. 하지만 워낙 돈이 없었던 데다 가게 보증금을 내고 밀린 월세와 이런저런 비용을 내고 나니 돈이 얼마 남지 않았다. 결국 할 수 있는 것은 직접 하기로 했다. 낡은 테이블과 의자 그리고 집기들을 과감하게 버리고 쓸 만한 것들만 남겼다. 밖에 내놓으면 알아서 수거해 가는 줄 알았던 큰 쓰레기들은 알고 보니 폐기물업체를 통해 버려야 했는데 그것만 해도 돈이 꽤 들었다. 가게를 폐업하는 줄 알고 고생 많았겠다며 위로하는 폐기물업자에게 폐업이 아니라 장사를 시작하는 거라고 하니 폐기물 처리 비용을 조금 깎아주었다. 비용을 줄이기 위해 테이블과 의자는 가구점이 아닌 공장을 찾아봤다. 가격이 싼 대신 공장이 있는 경기도 광주에서 가게까지 옮기고 조립하는 일은 직접 해야 했다. 약간의 수고스러움을 감수하니 100만 원 이상 아낄 수 있었다. 공구를 사용했던 경험은 중학교 기술·가정 시간에 나무 선반 만들기 수업밖에 없었지만 근처 주민센터에서 공구를 빌려준다기에 전동드릴을 빌려서 테이블과 의자를 조립하기 시작했다. 지금 생각하면 별것도 아닌 일이지만, 그때는 공구로 무언가 조립하는 내 모습이 대견스러울 정도였다. 간단한 도구로 무슨 문제든지 척척 해결하는 맥가이버, 전문가를 부르지 않고 집 이곳저곳을 수리하는 미국 TV 드라마 속의 남성미 넘치는 가장이 된 듯했다.

가게를 새로 단장하는 동안 포차 창업 드라마인 〈이태원 클라쓰〉의 주인공이 된 것 같은 기분이 들었다. 박서준이 이태원 '단밤'의 사장이라면 박영훈은 안산 '달달포차'의 사장인 셈이니 외모 빼고는 얼추 비슷하다. 밑바닥부터 시작해 느리지만 목표한 것은 반드시 이루는 드라마 속 박서준의 모습을 떠올리며 어쩌면 달달포차도 단밤처럼 대기업이 되는 게 아닐까 하는 망상과 착각에 빠지기도 했다. 그렇게 자영업자의 세계로 들어가는 입구에서 아무것도 몰랐던 나는 기대에 부풀어 있었다.

나는 술을 잘 마시지 못하고 썩 좋아하지도 않지만 술약속은 많았다. 그렇게 술집을 많이 다니면서 알게 된게 있다. 술집에도 트렌드가 있다는 것이다. 동네 골목에서 인기 있던 투다리부터 번화가의 봉구비어 같은 스몰비어의 유행, 일본식 선술집 이자카야와 역전할머니

맥주의 흥행, 최근의 생마차 같은 저가 맥주까지. 트렌드는 시작과 끝이 있다. 그리고 한국에서 트렌드의 주기는 유독 짧은 편이다. 트렌드에 뒤처지지 않으려면 트렌드에서 한 발짝 벗어나면 된다. 번화가도 아닌 동네 골목에 있는 가게이지만 동네 술집 같지 않은 인테리어를 하기로 했다. 종로의 익선동이나 광화문 또는 용산의 용리단길에 있을 법한 술집을 벤치마킹했다. 완성된 가게 인테리어는 미적 감각의 부족으로 비록 아류 수준이었지만 나름대로 괜찮아 보였다.

2020년 6월 26일
드디어 엄청난 쓰레기들을 버리고 가게 페인트 칠을 시작했다. 이것저것 버리고 빈 가게를 가만히 보았다. 앞으로 할 일이 많아 보인다. 공사를 언제 끝낼 수 있을지 모르겠다. 직접 하는 인테리어가 여간 힘든 게 아니다. 친구가 도와주러 왔다. 아마 조만간에 망할 거 같다며 장난을 쳤다. 도와주러 왔는데 사실 별 도움은 안 됐다. 그래도 기껏 와준 친구에게 나는 커피를 사줬다.

흰색은 깔끔하지만 쉽게 질린다. "저 창문은 막아! 백화점에 창문 없는 거 몰라? 해 뜨는 거 보면서 화투 치고 싶겠어?" 하는 영화 〈타짜〉에 나오는 정 마담의 대사처럼 술집도 마찬가지라고 생각했다. 밝은 곳에서 마시는 술보다 어두운 곳에서 마시는 술이 달다. 게다가 술 때문에 빨개진 얼굴을 숨길 수도 있고 어두운 가게가 취한 사람에게는 아늑하게 느껴질 것 같았다. 사실 벽과 바닥이 어두운색이어야 때가 덜 타서 유지하기 편하다는 게 가장 큰 이유였다.

페인트를 새로 칠하고 벽에는 그림을 걸었다. 조명은 너무 밝지 않은 백열전구를 달았다. 인테리어나 전기 같은 쪽에는 전혀 지식이 없었지만 모든 걸 직접 했다. 대유튜브 시대에 살고 있는 덕분이었다. 유튜브 선생님 덕분에 많이 배우고 문제들을 해결할 수 있었다. 가게 인테리어에는 꼬박 한 달이 걸렸다. 혼자 하기도 했고, 장사를 시작할 때는 아직 대학에 다니던 상태라 저녁에 시간 날 때 틈틈이 했기 때문에 생각보다 시간이 오래 걸렸다. 인테리어가 끝나고 완전히 새로워진 가게를 보니 왠지 모든 게 잘될 것만 같았다.

메뉴는 이전에 팔았던 걸 모두 전수받았는데 이왕 시

작하는 김에 메뉴 중에 일부는 없애고 새로운 걸 추가하고 싶었다. 한동안 집에서나 가게에서나 인터넷으로 요즘 인기 있는 술집 안주들을 검색해 보고 레시피도 구상하면서 시간을 보냈다. 근처 식자재 마트에서 재료를 사서 인터넷 어딘가에서 찾은 레시피로 하나하나 만들어 보면서 메뉴를 정했다. 음식 재료를 다루거나 요리하는 방법은 모두 유튜브를 통해서 배웠다. 그렇게 나는 대유튜브 시대의 수혜로 요리에 대해 아무것도 모르는 상태에서 조금은 아는 상태로 발전했다. 새로운 메뉴를 구상하면서 만든 요리가 의외로 맛있을 때면 혹시 요리에 재능이 있는 건가 싶기도 했지만 초창기 우리 가게의 메뉴라고 해봤자 대부분 냉동식품을 튀기고 시판 소스로 만든 음식이었다. 그렇게 매일같이 유튜브 선생님의 자비로운 가르침을 받으며 점점 가게는 구색을 갖춰갔다. 가게 내부 새 단장도 끝났고 메뉴도 어느 정도 준비가 됐으니 이제 가게 문을 열면 장사가 잘될 일만 남았다고 생각했다. 그때 썼던 일기에는 가게를 열고 장사가 잘되어서 혹시 건물주가 되는 게 아니냐는 식의 허황된 꿈을 꾸고 있었다는 걸 볼 수 있다. 그때는 근거 없는 자신감에 차 있었다. 코로나 확진자가 연일 최고치를 경신하기 전까진 말이다.

광고 전화에 시달리는 자영업자들

 장사를 하는 사람들이 많이 겪는 고충이 하나 있다. 바로 시도 때도 없이 오는 광고 전화다. 어떻게 내 연락처를 알고 전화하는 걸까. 돌이켜 보니 네이버 지도에 가게가 등록되고 연락처가 올라오는 순간부터 광고 전화가 시작됐던 것 같다. 070이나 02로 걸려 오는 전화는 광고라는 걸 예상이라도 할 수 있다. 010으로 시작하는 모르는 번호로 전화가 왔을 때 혹시 단체 손님의 예약 전화라도 온 건가 기대하고 받았다가 막상 광고 전화인 걸 알고 느끼는 허탈감은 겪어본 사장님만 알 수가 있다.

 광고 전화의 종류도 참 다양하다. 내 가게를 네이버

에 상위노출 해주겠다는 마케팅 업체의 전화가 가장 많이 오는 편이다. 그다음으로는 테이블 오더를 설치하라는 전화나 초음파 식기세척기를 판매하는 전화, 그리고 소득세와 부가세를 절세해 주는 카드 단말기를 소개해 주겠다는 불법 탈세 전화까지 다양하다. 관심 없다고 끊어도 며칠 후에 다시 걸려 오는 집요한 광고 전화들에 지치기도 하고 짜증이 난다. 몇 년 동안 다양한 업체에서 광고 전화를 받아온 나는 광고 전화인지 손님인지 알아차리는 눈치도 제법 생겼다.

2021년 3월 5일

오늘 기분 나쁜 광고 전화를 받았다. 괜찮다고 하고 전화를 끊어도 다시 전화를 걸어왔다. 평소엔 광고 전화를 받으면 짜증도 나지만 수화기 너머에 있는 사람도 먹고살기 위해 하는 일이려니 생각하려고 노력했지만 오늘은 기분이 좋지 않았다. 기계가 아니라 사람이라서 전화를 뚝 끊기도 어렵다. 예전에 폐업한다고 하면 전화를 순순히 끊는다고 하는 글을 봤다. 앞으로 나도 그렇게 해야겠다.

문제는 이렇게 걸려 오는 광고 전화의 상당수가 사기성이 짙을 뿐만 아니라 허위 과대광고를 하는 전화로 인한 피해자도 적지 않다는 것이다. 가장 많이 오는 전화는 네이버에서 특정 단어로 검색했을 때 가장 위에 나오게 해주겠다는 상위노출 마케팅 전화이다. 주로 '네이버 공식업체', '네이버 협력업체', 'A 소상공인센터', 'B 외식협회'라는 멘트로 시작하며 국가 지원 사업이니 매출을 보장한다느니 하는 감언이설로 마케팅 대행 계약을 유도하는 수법이다. 하도 이런 전화를 많이 받다 보니 반신반의하는 마음으로 정말 효과가 있는 건지 궁금해서 검색해 보기도 했었다. 그런데 적지 않은 돈을 내고 마케팅 업체와 계약했지만 손해를 입었다는 후기가 엄청났다.

 이런 마케팅 업체들은 네이버에 특정 단어를 검색했을 때 맨 위에 가게가 나오도록 해서 사람들이 많이 보게 해주겠다며 계약을 요구한다. 한 달에 10만 원에서 30만 원 정도만 투자해도 효과가 있다고 하는데 6개월, 1년 단위로 계약해야 하므로 들어가는 비용은 상당한 편이다. 자영업자들의 후기를 보면 많은 수의 블로그 체험단을 보내주겠다고 해놓고 약속한 것에 한참 못 미치는 수의 체험단을 보내주거나 블로그를 제대로 운영하지 않는 체험단을 보내서 도움이 되지 않는 경우가 많았다. 결국 효과가 없어 환불을 요구했을 때 일부만 환불받았다는 사람부터 한 푼도 돌려받지 못했다는 사람까지 피해자는 다양했다.

 손님이 없어 걱정에 빠진 자영업자들은 마지막으로 지푸라기라도 잡고 싶은 심정에 마케팅 업체의 설득에 넘어가게 된다. 악덕 마케팅 업체는 자영업자들의 약한 지점을 잘도 파고든다. 요즘 같은 정보화 시대에 맞는 온라인 마케팅이 필수라고 하는 언론이나 유튜브를 보며 자영업자들이 우리 가게에 손님이 없는 건 마케팅이 부족해서가 아닐까 고민하는 순간을 마케팅 업체는 놓치지 않는다.

 물론 가게를 운영할 때 마케팅이 중요한 요소이긴 하지만 업체에 수백만 원을 지불하면서까지 맡길 일은 아니다 마케팅 업체에서는 블로그 체험단을 보내서 좋은 후기들의 숫자를 늘려주겠다고 하는데, 실제로는 누구나 블로그 체험단 모집 사이트에서 별다른 비용을 들이지 않고 직접 할 수 있다. 또한 마케팅 업체에 돈을 주고 블로그 체험단을 불러도 결국 체험단이 먹은 음식값은 자영업자가 부담해야 하므로 결국 마케팅 업체가 하는 일이라는 건 블로그 체험단을 대신 모집해 주는 수준밖에 되지 않는다. 그래서 이런 업체들은 주로 인터넷에 익숙하지 않은 중장년층의 자영업자를 노리고 접근한다.

테이블 오더나 키오스크 같은 새로운 기계들을 들여놓으면 조금이라도 장사에 도움이 되지 않을까 하는 기대를 악용하는 사례도 많다. 자영업자들이 활동하는 네이버 카페 '아프니까 사장이다'에는 광고 전화에 속아 피해를 당했다는 글이 심심찮게 올라온다. 어려운 상황을 극복하고자 하는 자영업자의 간절한 마음을 악용한 마케팅 업체들의 악질적인 수법들이다.

그중에 가장 화났던 사례가 있다. 부모님이 식당을 운영하는데, 가게에 걸려 온 마케팅 업체 전화에 현혹되어 테이블마다 테이블 오더 태블릿을 설치했다는 것이다. 요즘 인건비 절감을 위해 테이블 오더를 설치하는 가게들처럼 인건비라도 아끼기 위해서 설치했다는 부모님의 이야기를 들은 글쓴이는 계약서를 보고 깜짝 놀랐다고 한다. 아주 작은 글씨로 '결제 수수료 8%'라고 적혀 있었기 때문이다. 부모님께 물으니 테이블 오더 업체의 영업사원은 수수료가 많아야 2% 정도라고 했고 인건비보다 낮으니 아르바이트 한 명 이상 비용이 절약된다고 설득했다고 한다. 영업사원의 말과 계약서 내용이 달랐던 것이다. 거기에 기깃값은 별도로 매월 수십만 원씩 할부로 청구된다고 하니 매출에 따라 많으면 수백만 원 이상의 돈이 매달 빠져나가게 된 것이다. 세상에 8%라니. 기깃값과 결제 수수료 8%를 가져가면 가게에 뭐가 남는다는 건지 황당했다. 만약 한 달 매출이 2,000만 원이면 160만 원을 수수료로 내야 한다. 아직도 이런 업체가 있다는 사실이 황당했고 화가 났다. 대부분 테이블 오더 회사들은 합리적인 조건으로 계약하지만 몇몇 업체는 계약서를 꼼꼼히 읽지 않는다는 사실을 악용해 기계를 잘 모르는 노년층을 겨냥해 불공정한 계약을 진행하는 것이다. 글쓴이의 부모님은 안타깝게도 방문 판매 계약 철회 기간인 2주일의 시간이 지나서 계약 철회가 가능할지도 불분명했다. 만약 계약 취소를 위해서는 소송을 해야 할 텐데 가게에 방문한 영업사원이 말했던 내용과 계약서 내용이 달랐다는 사실을 증명하는 것도 쉽지 않아 보였다.

테이블 오더의 과도한 수수료로 인한 피해 사례를 보면서 결제 대행사의 수수료에는 상한선이 없다는 걸 처음 알게 되었다. 수수료에 대한 상한선이 없다는 게 이해되지 않았다. 반드시 결제 대행 수수료의 상한선 등 제한하는 규정이 마련되어야 한다는 생각이 들었다. 현재 카드 수수료는 대통령령으로 정하는 기준에 따라 금융위원회가 고시로 정하고 있다. PG 회사의 결제 대행 수수료에 대한 제한 규정도 필요하다.

또한 사전에 동의를 구하지 않은 광고 전화는 정보통신망법 제50조 제1항에 따라서 불법이다. 그런데도 자영업자를 대상으로 한 광고 전화가 성행하는 것은 신고해도 처벌까지 이어지기 어렵기 때문일 것이다.

온라인 커뮤니티에서 자영업자들의 다양한 피해 사례를 보고 있으면, 자영업자가 마치 무리를 잃은 한 마리 양처럼 언제든 포식자에게 잡아먹혀도 이상하지 않은 상태에 놓인 것 같은 생각이 든다. 아무리 작은 가게라도 사장은 사장이다. 사장이기 때문에 자영업자는 혼자서 모든 것을 결정해야만 한다.

만약 자영업자가 조금의 빈틈이라도 보이면 그 틈을 파고들어 이득을 보려는 사람들의 타깃이 된다. 한 푼이라도 아쉬운 자영업자에게 매출을 올려주겠다는 속삭임으로 허위 과장 광고를 하는 업체부터 아예 사기를 칠 목적으로 접근하는 업체까지. 세상 모든 일에 대해 빠삭하게 아는 사람은 없다. 피땀 눈물로 하루를 버티는 이들이 더 큰 고통을 겪지 않게 하려면 피해를 방지할 수 있는 장치들이 필요해 보인다. PG 수수료 제한이나 계약서에서 계약기간과 수수료 등 중요 내용은 자필로 작성해야 하는 규정 등이 그런 장치가 될 수 있다. 예를 들어 대부업법에서는 대출 금액과 이자율 그리고 변제기간 등 몇 가지 사항은 반드시 본인이 자필로 기재해야 한다고 규정하고 있다.

자영업자를 대상으로 한 교육도 사기 피해를 막거나 불공정 계약을 방지하는 방법이 될 수 있다. 통계를 보면 보이스피싱 피해자 규모와 금액은 몇 년 사이에 눈에 띄게 줄어들었다(2019년 5만 4,000명, 6,720억 원에서 2023년 1만 1,500명, 1,965억 원). 이는 보이스피싱 조직이 줄어들었다기보다는 방송과 뉴스 등 온갖 매체에서 금융기관이나 검찰을 사칭하는 전화 등은 보이스피싱일 수 있다는 것을 알려준 덕이 크다고 생각한다. 일종의 예방 교육을 받은 셈이다. 마찬가지로 자영업자를 대상으로 접근하는 불법 광고 전화에 대해서도 미리 교육할 방법은 없을까. 자영업자는 매년 의무적으로 위생교육을 받는데 교육 내용 중에서는 세무 관리나 노무 관리 같은 것들도 함께 선택해서 들을 수 있도록 하고 있다. 여기에 기본적인 계약에 관한 내용부터 사기 피해를 예방하기 위한 교육도 추가하면 어떨까 생각도 든다.

어느 때부터 우리 사회는 왜곡된 능력주의로 인해 개인의 실패는 전부 개인의 잘못으로 일어난 일로 여기게 되었다. 따라서 실패하거나 사기를 당한 당사자는 자신을 자책한다. 심지어 실패가 알려졌을 때 모욕당하는 경우도 적지 않다. 한창 전세 사기 피해자에 대한 뉴스가 보도됐을 때는 부주의해서 전세 사기를 당했다거나 자신은 그런 일을 당하지 않을 거라는 내용의 댓글들을 볼 수 있었다. 위에서 말한 사기 피해 사례들은 모두 자영업자 카페에 올라온 것들인데 댓글에는 피해자의 무지함, 분별없음을 탓하는 사람들도 많았다. 구성원들 사이에서 사회적 신뢰나 연대감을 기대하기 어려워지는 상황을 극복하는 데 필요한 것은 결국 작은 단위인 개인에서부터 타인의 고통에 공감하고 우리 사회의 사법 시스템이 제대로 작동하도록 경각심을 갖는 것이겠다.

미신과 확신

 과학에서 질량 에너지 보존의 법칙은 질량과 에너지의 총량은 늘 일정하다는 것이다. 하지만 자영업자 사이에선 온갖 비과학적인 법칙들이 난무하는데 어딜 가나 다루기 힘든 손님의 비율은 정해져 있다는 '진상 손님 총량의 법칙'이 대표적이다. 또 매출 총량의 법칙도 있다. 말 그대로 한 달 매출, 1년 매출은 결국 일정하다는 뜻이다. 많은 자영업자는 이 법칙을 긍정적인 의미로 받아들인다. 매일의 매출 등락에 일희일비할 필요가 없다는 뜻이기 때문이다. 오늘 한가하면 내일 바쁠 것이고, 내일도 한가하면 모레 바쁠 거라며 힘든 하루를 버티는 힘인 셈이다.

나도 장사를 시작하고 나서 얼마 지나지 않았을 때까지는 그날 매출에 따라 기분이 정말 들쭉날쭉했다. 물론 지금이라고 전혀 그러지 않는다는 건 아니지만 장사를 시작한 초기에는 하루하루 매출이 오르고 내리는 것에 지나치게 민감했다. 장사가 안되는 날에는 도대체 문제점이 뭘까 고민하고 자책했고 장사가 잘되는 날에는 안도의 한숨을 내쉬면서 기뻐했다.

2024년 5월 15일
이번 주는 내내 손님이 별로 없었다. 다른 술집에는 손님이 그럭저럭 있어 보였다. 혹시 우리 가게에 대한 안 좋은 소문이라도 있는 걸까. 아르바이트생은 손님이 없어서 괜히 혼자서 머쓱해한다. 나는 괜히 시답잖은 농담이나 던지면서 쉬라고 했다. 그런데 10시가 넘자마자 한 테이블씩 자리가 메워지기 시작했다. 역시 그냥 죽으라는 법은 없다.

그렇게 장사를 하면서 매출 데이터가 쌓이고 어차피 한 학기 매출은 정해져 있다는 매출 총량의 법칙을 깨닫게 된 후로는 매출이 잘 나오지 않는 날이라도 예전처럼 실망하고 자책하지 않게 되었다. 그러다 이제는 10년 20년씩 장사해 온 사장님들처럼 한가할 때는 "내일은 잘되겠지."라고 말하게 되었다. 장사는 장기전이고 체력 못지않게 정신력도 중요하기 때문에 매출 부진으로 인한 부정적인 생각이 마음을 좀먹지 않도록 해야 한다. 이럴 때 매출 총량의 법칙은 정신 건강에 꽤 도움이 된다.

인터넷에서 흔히 쓰는 표현 중에서 '묶어놓고 팬다'라는 말이 있다. 주로 게임에서 상대를 꼼짝달싹 못 하게 만들어 데미지를 입힌다는 의미로 사용된다. 주식을 하는 사람이라면 쉽게 이해할 수 있는 예시가 있다. 미국 주식 시장은 한국 시각으로 데이마켓(10시~17시 50분), 프리마켓(18시~23시 30분), 정규장(23시 30분~6시), 애프터마켓(6시~8시)으로 구분된다. 한국 사람들은 데이마켓을 제외한 오후 6시부터 다음 날 오전 8시까지 주식을 거래할 수 있다.

만약 내가 가지고 있는 주식이 데이마켓(10시~17시 50분)에서 폭락하는 중이라고 가정해 보자. 데이마켓에서 나는 주식을 팔 수가 없다. 내가 할 수 있는 거라고는 그저 주식이 실시간으로 떨어지는 것을 두 눈으로 보는 것뿐이다. 한마디로 손쓸 방법이 없는 상태이다. 이럴 때 '묶인 채로 맞는다'라고 한다.

자영업자에게도 묶인 채로 맞는 날이 있다. 바로 비가 오는 날이다. 나는 비가 온다고 미리 정해진 약속을 취소하거나 외출하지 않는 일이 거의 없는데 다 그렇지는 않은 것 같다. 비가 오는 날에는 확실히 매출이 떨어진다. 비가 올 때마다 매출이 떨어지는 경험을 하고 나면 비와 매출의 상관관계는 미신이 아니라 확신이 된다. 지금도 어김없이 비가 오는 날이면 자영업자들의 인터넷 커뮤니티에는 한숨 소리가 가득하다.

비가 오면 장사가 안된다는 걸 알고 나서부터 나는 매일 날씨 예보를 챙겨보기 시작했다. 이번 주에 비가 오는 날이 있는지, 비가 온다면 얼마나 오는지 그리고 몇 시부터 비가 오고 몇 시에 그치는지 자세하게 살펴본다. 그나마 장사가 덜 되는 주말에 비가 오면 다행이지만 장사가 잘되는 수요일이나 목요일에 비가 오면 비상상황이다. 물론 1년 365일 내내 비가 오지 않길 바라는 것은 아니다. 그런 일은 일어나지도 않겠지만 어디선가는 비가 내려 가뭄을 해소하길 원하고 있을 테니까. 다만 비가 오더라도 저녁 6시쯤에는 기적처럼 비가 그치길 간절히 바랄 뿐이다.

비가 내려서 '묶인 채로 맞는 날'에는 주로 주방 대청소를 한다. 그러다 뭐라도 해야겠다는 생각이 들 때는 가게 인스타그램에 소주 2,900원 이벤트나 사이드 안주 무료 이벤트를 외친다. 큰 효과는 없을지언정 아르바이트생 일당이라도 건져보려는 처절한 몸부림이다.

제설 작업할 생각에 펑펑 내리는 예쁜 함박눈이 쓰레기로 보인다는 불철주야 고생하는 국군 장병들의 소회가 생각난다. 누군가에게는 비가 오면 좋을 수 있지만, 장사하는 사장님들에게 비는 그날 매출 하락의 보증수표인 셈이다. "처서에 내리는 비에 농부 마음이 멍든다."라는 속담이 있다. 가을의 문턱인 처서에는 아침저녁으로 선선한 바람이 불어 몸도 마음도 편안해진다. 그러나 이런 처서에 비가 내리면 농부의 마음은 새까맣게 타들어 가기 시작한다. 수확을 앞둔 처서에 곡식은 쾌청한 날씨 속에 강한 햇볕을 쬐어야 하는데, 비가 내리면 곡식이 빗물을 머금어 썩기 때문이다. 그래서 "처서에 비가 오면 십 리에 천 석을 감한다."라는 속담도 있다. 처서에 비가 내리지 않기를 바라는 농부의 마음이 나의 마음과 같지 않을까. 다행히 매출 총량 보존의 법칙으로 비가 오지 않는 날에 장사가 잘되리라는 걸 믿기 때문에 걱정은 예전보다 덜하다.

자영업자들의 미신 중에는 인터넷에서 웃긴 밈으로 많이 쓰이는 재밌는 미신도 있다. 식사 시간이 다 되어 마침 손님이 없을 때 식사를 만들거나 컵라면에 물을 붓고 나면 어김없이 손님이 들어와서 밥을 제때 먹지 못하게 된다는 것이다. 나도 오후 5시에 출근해서 저녁을 먹기 위해 주방에서 음식을 만들거나 밖에서 사 오면 바로 손님이 들어와 나중에 다 식은 밥을 먹은 적이 한두 번이 아니니 전혀 근거 없는 미신은 아닌 것 같다.

그러고 보면 우리는 사주나 점, 타로나 별자리, 궁합까지 크고 작은 미신들 속에서 살아간다고 해도 과언이 아니다. 합리와 과학의 시대를 살아가는 사람들의 이면에 비합리적이고 비과학적인 믿음이 있다니 흥미로운 일이다. 아마도 사람들이 크고 작은 미신을 믿는 것은 정서적 안정감 때문일 것이다.

나도 그렇다. 가톨릭 신자인 내게도 나만의 미신이 있는데 바로 오후 6시에 가게에 손님이 있으면 그날은 바쁜 날이고 오후 6시가 되었음에도 손님이 한 테이블도 없으면 그날은 한가한 날이라는 것이다. 물론 오후 7시 8시까지 한가했다가 갑자기 손님이 몰리는 경우가 있지만 중요한 건 오후 6시에 한 테이블이라도 손님이 있으면 그날은 장사가 잘될 거라는 기대를 하는 것이다.

　사람은 이성의 동물인데 왜 미신이 존재할까. 철학자 데이비드 흄은 저서 《종교의 자연사》에서 미신의 기원을 희망과 공포라는 인간의 정념에서 찾는다. 결론만 말하자면 미신이란 희망과 공포를 겪는 인간이 삶의 불확실성으로 인해 야기되는 공포감을 덜기 위해 생겨났다는 것이다. 생각해 보면 매출이 잘 나왔으면 하는 희망과 매출이 적을까 전전긍긍하는 공포감이 내게 미신을 만들도록 한 것 같다.

　합리적이고 이성적인 동물이라 자부하는 인간이 미신을 갖는 모순을 생각하다 보니 재밌는 광경이 떠올랐다. 앞서 말한 철학자 데이비드 흄은 평생에 걸쳐서 미신에 대해서 누구보다 격렬하게 비판했던 사람이다. 흄의 고향인 영국 에든버러에는 그의 동상이 있는데, 동상의 발가락만 유독 반짝이는 모습을 볼 수 있다. 철학과 학생들 사이에서 흄의 발가락을 만지면 똑똑해진다는 일종의 미신이 전해지기 때문인데 평생에 걸쳐 미신을 경계했던 흄을 떠올리면 후배 철학도들의 이런 행동에 웃음이 절로 난다.

아무튼 오늘도 어느 가게의 사장님은 입구에 소주를 뿌리고 장사를 시작하고, 성격이 까칠하거나 무리한 요구를 하는 손님 때문에 힘든 날이면 가게 입구에 소금을 뿌릴 것이다. 뭐가 됐든 각자의 방식으로 현재를 극복하려는 의지의 표현이고 불확실한 미래를 희망으로 만들려는 노력이다.

오늘도 이성과 지혜로 진리를 좇으며 미신 따위는 믿지 않는다고 자부하는 나는 오후 6시가 다가오면 첫 손님이 올까 오지 않을까 조마조마하며 하루를 시작한다. 아무튼 아멘.

자영업자 생존일기

· · · · ·
대리운전을 하는
술집 사장

"윈터 이즈 커밍(Winter is comIng).", 미국 TV 시리즈 〈왕좌의 게임〉에 나오는 대사다. 긴 겨울이 다가오니 대비하라는 의미다. 자영업자에게도 매서운 추위를 견뎌야 하는 겨울이 있다. 직장인을 상대로 하는 오피스 상권은 직장인이 출근하지 않는 주말이 그렇고, 여름 휴가철에 붐비던 해수욕장은 겨울이 되면 한산하다. 우리 가게도 비수기가 있는데 바로 대학교의 방학 기간이다.

우리 가게는 인신의 한양대학교 에리카 캠퍼스 바로 앞에 있다. 대학교 바로 앞에 있긴 하지만 외지인 손님이 없어 언제나 사람들로 붐비는 대학가 상권인 신촌이나 홍대와는 사뭇 다른 풍경이다. 학기 중에는 학생들로 거리가 북적이지만 방학에는 마치 SF 소설 속에 나오는 유령 도시처럼 길에 걸어 다니는 사람 한 명 보기 어려울 정도로 조용하다.

 1년 12개월 중 방학인 3개월 정도는 뭘 해도 장사가 안되는 기간이다. 처음에는 소주 맥주 할인 행사나 안주 무료 행사도 해봤지만 거리에 오가는 사람이 없으니 당연히 장사가 잘될 리 없었다. 혹시나 하는 마음에 가게를 열어도 손님이 한 명도 오지 않은 날이 허다했다. 가게를 닫아도 매달 나가는 고정비는 비슷하니 여는 게 낫지 않을까 생각했지만 그건 큰 오산이었다. 식재료를 최소한으로 준비한다 해도 기본적으로 준비해야 하는 양이 있다 보니 장사가 안되면 전부 버려야 했고 결국 손해가 컸다.

 그래서 대학교 방학 동안이면 집에서 쉬면서 산책도 하고 운동도 하면서 시간을 보냈다. 어차피 장사가 안되는 김에 쉬자는 생각이었다. 저녁에는 친구들을 만나거나, 별 약속이 없는 날에는 책을 읽고 영화를 봤다. 가게가 바쁜 학기 중에는 상상도 못 한 일이었다. 하지만 언제까지 놀고먹으면서 쉴 수는 없었다.

두 달 가까운 비수기는 돈 많은 사람에게는 여유로운 시간일 수 있지만 자영업자에게는 강제로 쉬어야 하는, 말 그대로 좌불안석인 시간이다. 수입이 없으니 모아놓은 돈은 조금씩 줄어들었고 매일매일 숨만 쉬어도 빠져나가는 비용들 때문에 내 속은 놀아도 노는 게 아니었다. 장사를 하지 않는다고 월세가 나가지 않는 건 아니다. 업소용 냉장고 때문일까. 또 가게 전기료는 왜 그렇게 많이 나오는 건지.

수입이 없으니 생활비는 부족해졌고 어떻게든 돈을 벌어야만 했다. 하지만 일하고 싶어도 일을 찾는 건 쉽지 않았다. 길어야 두 달 일하는 아르바이트생을 써주는 가게는 없었다. 일이 익숙해질 때 그만두어야 한다는 건데 그건 가게 주인으로서 난감한 일이다. 그렇다고 오래 일하겠다며 가게 사장님을 속이면서까지 아르바이트할 생각은 없었다.

2023년 1월 23일
계절학기도 끝나고 정말로 완전한 방학이다. 오늘 가게 문을 열고 산책할 겸 거리를 걸었다. 근처에 있는 가게 절반이 쉬는 듯하다. 문을 연 곳에도 손님은 없고 주인만 있다. 백주대낮 도시의 거리에 사람 한 명 보기 힘든 모습이 기이하다. 마치 인구 소멸을 겪어 텅 빈 지방의 도시 같다. 정말로 꿈에서나 나올 법한 풍경이다.

그날도 도대체 뭘 해서 돈을 벌어야 할지 고민하던 중이었다. 전부터 알고 지내던 기자와 저녁 약속이 있어 집을 나섰다. 나보다 여덟 살 많은 형이었는데 종종 만나는 가까운 사이였다. 나는 형에게 마냥 쉴 수는 없는데 마땅한 일거리가 없다는 고민을 털어놨다.

형은 잠시 생각하더니 요즘 젊은 친구들이 쿠팡 물류센터에서 많이 일하는 것 같다고 했다. 잠깐은 그것도 나쁘지 않겠다는 생각이 들었다. 하지만 쿠팡이 일용직 아르바이트생들, 배송 기사들을 고장 나면 버리는 소모품처럼 취급한다는 것을 잘 알고 있었기에 쿠팡에 조금이라도 도움이 되는 일은 하고 싶지 않았다. 아무리 힘들어도 돈 몇 푼에 불합리한 시스템에 머리 수그리고 들어가는 건 싫었다. 나는 잠시 생각하다 "제가 쿠팡을 별로 안 좋아하잖아요."라고 대답했다. 이건 단순한 생계가 아닌 신념의 문제였다. 내 말을 듣던 형은 "아, 그랬지. 애 참 깐깐하네."라면서 "그럼 대리운전 같은 건 어때, 혼자 하는 거잖아."라며 새로운 제안을 했다. 나쁘지 않겠다는 생각에 조금 더 알아보고 결정하겠다고 했다.

 그날은 술을 마셨기에 집에 가려면 대리운전을 불러야 했다. 나는 대리운전 기사에게 나의 상황을 설명하고 대리운전을 어떻게 시작할 수 있는지 말을 꺼냈다. 대리운전 기사는 내가 질문도 하지 않는 것들까지 세세하게 설명해 주었다. 콜을 잡는 방법, 수수료와 보험료는 얼마인지 그리고 대리운전 콜을 많이 잡는 방법이나 대리운전을 하면서 얻은 노하우까지 속성으로 과외받는 셈이었다. 나는 너무 감사한 마음에 주머니를 탈탈 털어 팁으로 만 원짜리 한 장과 1,000원짜리 몇 장을 더 드렸다.

 다음 날 일어나자마자 '대리운전 시작하는 법'을 검색했다. 인터넷에는 대리운전에 대해 정말 자세하게 나와 있었고 대리운전 시스템이 어떻게 움직이는지 대강 알 수 있었다. 한참 알아본 후에 대리운전을 시작하기로 결심했다. 대리운전을 선택한 이유는 일하는 기간과 출퇴근 시간에 제약이 없고 운전만 할 수 있으면 나이와 성별에 상관없이 누구나 가능하기 때문이었다. 무엇보다 인터넷에 올라온 대리운전을 통해 버는 수입이 꽤 많다는 글들이 결정적이었다.

 대리운전을 시작하려면 먼저 플랫폼에 가입해야 한다. 대리운전 플랫폼에는 카카오 대리운전, 티맵 대리운전 그리고 로지와 콜마너 등이 있다. 카카오와 티맵은 대리기사가 직접 신분증을 인증하고 가입하는 반면, 로지와 콜마너는 대리운전 회사를 통해 가입한다. 기사 등록과 대리운전 기사 보험 등록을 하면 가입 절차는 끝난다. 대리운전 기사는 대리운전으로 벌어들이는 매출에서 수수료 20%를 제외하고 나머지는 현금으로 바꿀 수 있는 포인트를 받게 된다. 고객에게 대리운전 요금을 직접 현금으로 받는 경우에는 가지고 있는 포인트에서 대리운전 요금의 20%가 차감되는 방식이다.

 가게를 닫는 동안 월세라도 벌어볼까 하고 시작한 대리운전이었다. 이제껏 술을 마시고 대리운전을 불러본 적은 많지만 직접 대리운전 기사가 된다는 생각에 기분이 묘했다. 며칠간의 대리운전 기사 등록 심사를 마치고 나서야 대리운전을 시작할 수 있었다. 그렇게 대리운전 기사 전용 애플리케이션에 접속했는데, 대리운전 콜이 올라오는 화면은 쉴 새 없이 바뀌었다. 콜이 올라오고 사라지는 속도는 정말 순식간이었다. 콜이 올라오면 다른 사람들이 잡아서 금방 사라져 버렸다. 단 몇 초 동안에 출발지와 도착지를 보고 콜을 잡을지 선택해야 했다. 반경 500m에서부터 20km까지 설정할 수 있었는데, 가장 좁은 500m로 설정했음에도 콜은 여러 개가 올라와 있었다.

2024년 7월 24일
오늘 대리운전은 영등포에서 인천으로, 인천에서 수원, 수원에서 강남, 강남에서 고양시였다. 고양시에서 집 근처로 가는 콜을 잡으면 좋았겠지만 그런 콜이 뜨지 않았다. 첫차를 타고 집에 왔다. 중간에 손님이 이것저것 물어보길래 말동무를 해줬다. 서른한 살이 대리운전을 하니 궁금했나 보다. 대학가에서 장사를 하는데 방학 기간 월세에 보태려고 대리운전을 한다고 했다. 팁으로 5만 원을 받았다. 지금 어디로 가면 대리 손님이 많은지도 알려줬다. 90도로 인사를 했다.

금방 떴다가 사라지는 콜은 처음 대리운전 앱을 사용하는 나의 정신을 쏙 빼놓았다. 한참 화면을 보다가 이제는 콜을 선택해야겠다는 결심을 했다. 이러다가는 정말 시작도 못 할 것 같았다. 빠르게 누르지 않으면 다른 대리운전 기사가 채갈 수 있으니 순간적인 판단과 속도가 중요했다.

얼마 후 비교적 내 위치에서 가까이 있는 콜을 선택했고 성공적으로 배차가 되었다. 내 인생에서 첫 번째 대리운전 손님이었다. 고객이 있는 곳에 가보니 흰색 외제 차가 있었다. 구로에서 인천 청라를 가는 콜이었다. 나는 고객에게 간단히 인사를 하고 운전을 시작해서 무사히 목적지에 도착했다. 그렇게 첫 번째 대리운전을 성공적으로 마치고 나니 단지 운전만 하면 되는 일이라 어려운 것도 없고 꽤 할 만하다고 생각했다. 대략 40분을 운전하고 받은 돈은 수수료를 떼고 2만 8,000원이었다. 이렇게 계속하다 보면 꽤 짭짤한 수입을 얻을 수 있을 것만 같았다.

하지만 다시 앱을 켜니 당황스럽게도 주변에 대리운전 기사를 찾는 콜이 하나도 없었다. 도착지는 콜이 없는 지옥이었던 것이다. 주변에는 수천 세대의 아파트 단지뿐이었고 대리운전이 필요한 곳은 아니었다. 번화가는 한참이나 멀리 떨어져 있었고, 내가 있는 곳은 오후 10시만 되면 거리에 사람이 뜸해지는 아파트 단지였다. 다른 대리운전 콜을 받기 위해서는 당장 그곳을 빠져나가야 했다. 그렇게 나는 첫 콜부터 대리운전 기사의 유배지라고 불리는 곳에 빠지게 되었다.

대리운전을 하기 전에는 대리운전 요금이 꽤 비싼 편이라고 생각했다. 나는 주로 여의도와 마포 그리고 멀면 서초나 강북 등지에서 광명의 집으로 대리운전을 불렀기 때문에 적게는 2만 5,000원에서 많게는 5만 원까지 대리운전 비용을 지불했다. 저녁 시간이기 때문에 집까지는 적게는 20분 길게는 40분 정도이기 때문에 대리운전 기사의 시급은 꽤 높구나 생각했다. 그래서 뉴스에 가끔 나오는 '월 1,000만 원 대리운전' 기사를 읽으면서 대리운전도 꽤 쏠쏠한 수입을 거두는구나 생각했다

그런 생각이 틀렸다는 걸 깨닫는 데는 그리 오래 걸리지 않았다. 대리운전은 운전하는 일뿐만 아니라 부수적

인 노동이 필요한 일이다. 고객이 있는 곳까지 가는 것부터 시작해 고객의 집에 도착하면 주차를 해야 한다. 만약 고객의 집이 주택단지라면 밤늦게 빈 자리를 찾아 주차하는 일은 절대 쉬운 게 아니다. 또 고객의 집에서 대리운전 콜이 많은 곳까지 이동하는 데 5분, 10분 정도 걸리는 경우는 드물었고 길게는 30분이 넘는 시간이 걸리기도 했다. 아파트 단지나 주택가 또는 교외 지역과 같이 콜이 없는 오지에서 대리운전이 끝났다면 콜이 많은 도심지의 번화가나 지하철역 근처로 이동해야 한다. 그렇게 걷거나 뛰는 이동 시간은 필수적이다. 이런 부수적인 노동이 포함되어 요금이 책정되는 것이다.

또 콜이 항상 이어지는 것도 아니다. 어떤 날은 광명에서 출발해 수원에 도착했는데, 수원에서 콜이 없어 1시간 동안 길에서 콜을 잡기 위해 노력하다가 결국 다른 대리운전 기사들과 택시비를 나눠 강남으로 이동한 적도 있었다. 강남에서 마포로 갔는데, 반경 5km에 콜이 없어서 종로까지 이동하기도 했고, 종로에서 경기도 광주로 갔다가 성남까지 2시간 가까이 걸려 이동한 날도 있었다. 그렇게 오후 8시부터 새벽 6시까지 밤을 새워 버는 돈은 수수료와 교통비를 빼면 15만 원 정도이다. 콜이 아주 많은 휴일 전날이 아니면 대부분은 최저시급 정도로 번다. 오랫동안 대리운전을 해온 기사들에 따르면 요즘에는 불경기라 평일에는 대리운전 콜이 별로 없어서 예전만큼 벌이가 좋지 않다고 했다.

그런데도 뉴스에 대리운전 기사의 수입이 월 1,000만 원이라는 기사가 한 번씩 나오고 대리운전 회사에서 운영하는 유튜브에서 대리운전 기사의 수입이 높다고 홍보하는 것은 더 많은 대리운전 기사를 유입하기 위한 것이 아닐까 의심하게 된다. 대리운전 회사는 대리운전 기사에게 운임의 20%를 수수료로 받기 때문에 기사가 많아질수록 매출도 높아진다.

그렇다면 실제 대리운전 기사들의 수입은 얼마나 될까. 전국대리운전노동조합의 집계에 따르면 2023년 대리운전 기사 월평균 매출은 267만 원이다. 여기에서 콜 수수료 20%와 교통비 등을 고려하면 실제 월평균 수입은 161만 원에 불과하다. 또한 2020년 국토교통부가 집계한 자료에 따르면 전업 대리운전 기사의 월평균 소득은 100만 원 미만이 전체의 18.9%이고 100~200만 원은 48.9%, 200~300만 원은 24.3% 수준이었다. 월 소득이 300만 원이 넘는 경우는 겨우 7.9%였다. 그러니 쉽게 생각하고 대리운전을 시작하면 밤샘 노동으로 몸은 망가지고 예상보다 낮은 수입에 후회하기에 십상이다.

대리운전을 하면서 만난 손님들 중에 기억나는 분들도 많다. 대리운전 기사는 주로 40대 후반에서 60대 초반까지가 많다 보니 30대 초반으로 보이는 내가 대리운전 기사라고 오면 놀라는 손님이 많았다. 그중에는 왜 대리운전을 하는지 물어보는 손님도 꽤 많았는데, 나는 그때마다 솔직하게 말했다. 사실 술집을 하는데 비수기라서 집에 있기도 뭐하고 월세라도 벌려고 한다고 말하면 열심히 사는 모습이 보기 좋았는지, 아니면 먹히는 레퍼토리였던 건지 간간이 팁도 받았다.

물론 좋은 손님만 있는 것은 아니어서 자기가 생각했던 길이 아니면 왜 다른 길로 가느냐고 강하게 항의하는 경우도 있다. 모든 대리운전 기사들은 대리운전 애플리케이션과 연동된 T맵이나 카카오맵의 내비게이션대로 운행하는데 어떤 경우는 손님이 더 빠른 길을 알 수도 있다. 하지만 택시처럼 더 빨리 간다고 요금이 줄어들거나 더 느리게 간다고 요금이 늘어나는 게 아니니 대리운전 기사에게 무슨 꿍꿍이가 있다고 생각할 필요는 없다. 대리운전 기사들은 대리운전 앱과 연동된 내비게이션이 안내하는 대로 갈 뿐이다.

저녁 7시쯤 거리에 나와 아침 첫차를 타고 집에 가는 생활은 서른한 살인 나에게도 체력적으로 힘든 일이었다. 그때는 힘들었지만 돌아보면 좋았던 기억들도 많다. 내가 도착하기 전에 편의점에서 커피를 사서 주었던 손님, 아파트 단지가 넓어 대리운전을 마치고 단지를 빠져나가는 데에 시간이 오래 걸릴 거라며 팁을 준 손님도 있었다. 대리운전을 하면서 거리에서 만나 친해진 기사님들과의 단체 카톡방은 아직도 나가지 않고 있다. 출근길에 부모님께 인사하는 아들처럼 저녁이면 오늘도 안전운전 하시라고 배웅하기도 하고, 어디서 본 재밌는 글이 있으면 공유하는, 힘들어도 조금만 더 힘내자고 위로하는 응원단 같았다. 회사를 나와서 대리운전하는 아저씨, 정년퇴임 하고 대리운전을 시작한 신입 아저씨, 대출까지 해가며 주식을 했다가 망한 또래 친구, 회사 생활이 지쳐 그만두고 대리운전 하는 형까지 각자 대리운전을 시작한 계기는 제각각이었다. 짧은 기간이었지만 동질감에서였을까 기사님들에게서 동지애 같은 걸 느낄 수 있었다. 대리운전은 서로 정해진 일감을 남들보다 먼저 낚아채야 돈을 버는 방식임에도 어느 날은 일을 많이 못 한 사람을 위해 다른 기사들이 대신 일을 잡아주기도 했다.

이제는 방학이 끝나서 다시 가게로 돌아왔지만 대리운전을 하면서 경험하고 느꼈던 것들은 마음속 깊이 남아 있다. 거리의 노동자들이 추위, 더위에 시달리며 얼마나 열악한 환경에서 일하는지 직접 겪지 않으면 절대 알 수 없었을 것이다. 대리운전 기사에게 일감을 주는 방식은 알고리즘에 따라 공정하다는 플랫폼 업체의 말과는 달리 내가 경험한 대리운전 플랫폼은 기사들이 더 낮은 비용으로 모두들 꺼려 하는 도착지로 가도록 교묘하게 설계되어 있었다.

언제부턴가 전에는 보이지 않던 게 보이기 시작했다. 대리운전을 시작하고 나서는 예전 같으면 스쳐 지나가는 행인이었을 사람 중에 누가 대리운전 기사인지 알아볼 수 있게 되었다. 전국의 대리운전 기사가 30만 명이라고 한다. 이 중 절반 이상이 수도권에 있으니 전국 어디든지 거리 곳곳에서 누군가 콜을 잡고 있는 것이다.

대리운전 기사는 대부분의 50대 이상의 중년 남성이다. 직장을 그만두거나 나처럼 자영업을 했다가 가게를 닫고 전업으로 대리운전을 하는 것이다. 또는 낮에 다른 곳에서 일하고 퇴근한 후에 부족한 수입을 채우기 위해 투잡으로 하는 경우도 많다. 각자 대리운전을 하는 이유가 뭐든 간에 술 한잔으로 하루를 마무리하는 우리의 안전한 귀가를 책임지는 대리운전 기사들에게 고마운 마음을 표한다.

-

가게 상황이 나아진 덕분에 나는 더 이상 대리운전을 하지 않게 되었다. 여느 때처럼 새벽까지 장사를 마치고 집으로 향하고 있었는데, 그날은 새 학기를 맞아 유난히 바빴던 터라 제대로 식사도 하지 못해 배가 몹시 고팠다. 그러다 늦은 시간까지 장사를 하는 순댓국 가게를 발견했고 그곳에서 밥을 먹고 가기로 했다. 순댓국집에는 사십 대로 보이는 남자 일행 두 명만이 손님의 전부였다. 내가 주문한 순댓국이 나오고, 식사를 하던 중 다른 테이블에서 들려오는 대화가 자연스레 귀에 들어왔다.

"천안에서 안산까지 5만 원이 말이 돼요?"

"손님한테 마일리지를 10% 준다는데, 그럼 기사한테는 도대체 얼마나 떼 간다는 거야?"

"일도 없는데 오늘은 일찍 집에나 가려고."

그제야 나는 두 사람이 대리운전 기사라는 걸 알았다. 그들은 점점 낮아지는 대리운전 요금과 불경기에 줄어드는 손님에 대한 걱정을 오래도록 토로했다. 나는 아직 지우지 않았던 대리운전 기사용 애플리케이션을 켜 보았다. 확실히 콜이 많이 없었다. 잠시 후에 콜이 새로 올라왔다. 안산에서 금천까지 가는 여정이었는데 단가는 2만 5,000원으로 올라와 있었다. 황당할 정도로 너무 저렴했다. 그럼에도 누군가는 그거라도 해야겠다고 생각했는지 그 콜은 금방 사라졌다.

거대 플랫폼 기업들이 대리운전 시장에 진출한 이후, 소비자들은 한층 편리하게 대리운전을 부를 수 있게 됐다. 하지만 그 편리함이 누군가를 착취하고, 누군가의 희생을 바탕으로 이루어진 것은 아닐까. 우리는 정말 모두에게 이로운 세상을 향해 가고 있는 걸까. 다시 한번 깊이 생각해 봐야 한다.

2024년 통계청에서 집계한 투잡족이 66만 명으로 역대 최고치를 경신했다. 그중 자영업을 하면서 부업을 하는 수가 17만 5,000명이라고 한다. 전체 자영업자 중에서 부업을 하는 비중이 3%를 넘어선 것은 올해가 처음이다. 고물가와 소비 침체로 실물경제에 한파가 불면서 생계유지를 위해 부업을 뛰는 자영업자가 늘어난 것이다.

코로나는
자영업자를 잡아먹고

2020년 1월. 우리나라에서 첫 코로나19 확진자가 발생했다. 처음 뉴스에서 코로나를 접했을 때는 그저 새로운 독감이겠거니 대수롭지 않게 생각했다. 그러나 코로나바이러스는 이전의 사스(SARS)나 메르스(MERS)와 비교할 수 없을 정도로 엄청난 속도로 퍼져나갔고 매일 수십, 수백 명의 감염자와 중증 환자들이 발생하기 시작했다.

2020년 6월 나는 코로나19가 금방 잦아지리라는 근거 없는 확신으로 달달포차를 운영하겠다고 나섰다. 그때 나는 현대 의학이 내 예상보다 더 빨리 새로운 전염병을 완벽히 제압하리라 굳게 믿고 있었다. 그러나 코로나는 확산세가 약해질 때마다 끊임없이 새로운 변이를 일으키며 더욱 확산해 나갔다.

그렇게 코로나는 모든 것을 집어삼키고 폐허만 남기는 쓰나미처럼 자영업 생태계를 휩쓸고 지나갔다. 얼마 되지 않는 적은 돈으로 장사를 시작했던 내게 코로나의 충격은 컸다. 그렇지 않아도 주변 사람 모두가 반대했던 장사였다. 나는 내가 틀렸다는 걸 인정하고 싶지 않았다. 하지만 코로나는 다른 사람의 말을 귀 기울이지 않았던 내게 참 가혹한 벌이었다.

코로나가 대한민국을 집어삼킨 후 모두가 처음 겪는 전염병에 대한 공포로 외출을 꺼렸고, 개강을 앞두고 북적여야 할 대학가는 비대면 수업으로 학생들을 보기가 어려웠다. 비대면 수업이라니. 정말로 전혀 예상하지 못한 일이었다. 애초에 학생들이 아니면 생기지 않았을 상권이기 때문에 학생들이 없으면 가게를 여는 의미가 없었다. 그렇게 매일 단 한 명의 손님도 없는 날들이 반복됐다.

한기만 가득한 텅 빈 가게에 홀로 앉아 손님을 기다리

는 일은 너무나도 고통스러운 일이었다. 그렇게 혼자서 쓸쓸히 가게를 지키고 있다 보면 온갖 부정적인 생각이 떠올랐고 우울감은 점점 깊어졌다. 그렇다고 가만히 앉아 있을 수만은 없었기에 가게 이곳저곳을 청소하기도 했다가 더 이상 청소마저도 할 게 없을 때 느끼는 무력감은 정말 말로는 설명할 수가 없다. 아주 가끔 손님을 한 테이블 받으면 혹시나 또 다른 손님이 올까 하는 기대감이 생겼지만 그건 나의 헛된 바람에 불과했다. 넓은 가게에 손님이 한 테이블만 있는 모습은 그나마 찾아온 손님에게 보이기도 너무 부끄러워서 가게에 손님이 한 명도 없는 것보다 더 비참할 정도였다.

2020년 10월 24일

코로나19 확산이 심각하다. 곳곳에서 집합 제한이 확대된다. 처음엔 헬스장과 노래방이었는데 이제는 식당으로 확대됐다. 인원은 네 명, 영업은 9시까지 가능하다. 거리에 학생들은 많은데 손님은 없다. 나조차도 술 약속은 물론이고 식사 약속을 잡지 않는데 학생들은 오죽할까. 코로나가 빨리 사라졌으면 좋겠다. 코로나에 걸릴까 봐 무섭다. 그리고 옮길까 봐 걱정된다.

손님이 없다고 가게 문을 닫을 수도 없는 노릇이었다. 혹시나 내가 쉬는 동안에 누군가 왔다가 닫힌 가게를 보고 그냥 발길을 돌릴 수 있다는 생각에 문을 열고 하염없이 손님을 기다리기 시작했다. 물론 출근한다고 해서 뾰족한 수가 있는 것도 아니었다. 종일 앉아서 휴대폰을 들여다보다가 시간이 되면 퇴근하는 일이 전부였다. 손님이 오지 않는 가게는 딱히 치울 것도 없었다.

장사가 무서운 건 이렇게 손님이 없어도 월세 등 고정비용이 꾸준히 청구된다는 것이다. 혹시 손님이 올지 모르니 식자재를 준비해야 했는데 결국 식자재 대부분은 며칠 지나면 모두 상해서 버려야만 했다. 들어오는 돈은 한 푼도 없는데 여기저기 돈 나갈 일만 있으니 어느 순간부터는 건강보험, 국민연금 같은 보험료가 밀리기 시작했다. 수입이 적었던 덕에 고작 몇만 원, 몇십만 원밖에 되지 않는 부가세와 종합소득세도 내지 못해 가게에는 독촉장만 쌓여갔다. 당연히 가게 월세는 진작부터 밀려 있었고 건물주에게는 사정해서 다른 일이라도 해서 금방 밀린 월세를 내겠다고 양해를 구해야 했다.

나는 매일 아침 뉴스를 보며 코로나 확진자 숫자를 확

인했다. 코로나 확진자가 조금이라도 줄어들면 안심했고 확진자가 늘어나면 온몸에 기운이 빠졌다. 물론 당장 그날의 확진자로 일희일비하는 게 의미가 없다는 건 잘 알고 있었다. 그렇지만 뉴스를 보며 확진자가 줄어들기를 매일 간절히 바랐다. 또한 코로나 백신과 치료제는 언제 나오는지 인터넷을 검색하는 것도 나의 중요한 일과 중 하나였다. 갑자기 세계 어느 곳에선가 천재 생명공학자가 백신을 짜잔 하고 내놓아 주길 매일같이 기다렸다.

코로나 전염의 불안감이 팽배했던 시기. 극우 성향의 전광훈 목사가 "야외에서는 코로나가 걸리지 않는다."는 말도 안 되는 소리를 하며 광화문 집회를 이어갔다. 그 결과 극우 집회 참가자들을 중심으로 코로나 확진자가 폭증했다. 사랑제일교회 교인들과 극우 집회 참가자들은 코로나 검사를 거부하고 동선을 숨기기 위해 휴대폰을 끄기도 했다. 집회 참가자들은 전국 곳곳에서 광화문으로 왔고, 또 광화문에서 전국 곳곳으로 흩어진 집회 참가자들은 코로나를 빠르게 전염시켰다. 나로선 도저히 이해할 수 없었다. 정상적인 판단이 안 되는 것처럼 보이는 극우 집회 참가자들은 자신들이 마치 정부에 맞서는 정의롭고 대단한 투사인 것마냥 망상에 빠져 있었다. 동시에 국민의 생명에 커다란 위협을 하고 있었다.

그 여파로 코로나 확진자는 점점 늘어나기 시작했고 정부는 교회와 클럽 그리고 헬스장 등 다인 이용시설의 운영을 보름 동안 중단하는 행정 명령을 발표했다. 나는 '그럼 저 사람들은 장사를 못 하게 되는 건가?' 하고 생각하면서도 설마 술집이나 식당까지 영업을 제한하지 않겠지 생각했다. 설마 전국에 식당이 몇 갠데 영업을 제한할까. 그런 일이 일어나면 대한민국은 멈추는 것과 다를 바 없기 때문에 절대 그런 일은 없을 거라고 합리화하면서 스스로 안심시켰다.

그러나 코로나 상황이 더욱 심각해지자 정부는 사회적 거리두기 방안을 발표했고 확진자 수로 나누어진 단계에 따라서 5인 이상 집합 금지, 저녁 9시 또는 10시 이후 영업 금지와 같은 조치들이 이루어졌다. 코로나 감염자 숫자가 늘어나고 사회적 거리두기 단계가 올라가자 우리 가게의 영업시간도 제한받기 시작했다. 저녁 장사를 하는 가게에 영업시간 제한은 사형선고나 마찬가지였다.

 이제는 정부의 지침을 따르면서 하루라도 빨리 코로나 사태가 끝나기를 바라는 수밖에는 없었다. 혹여나 손님이 오더라도 코로나 확진자가 아닐까 걱정했고 나도 감염될지 모른다는 생각에 불안에 떨었다. 반대로 나도 모르게 코로나에 걸려서 손님에게 옮기게 될까 봐 마스크를 벗을 수 없었다. 영업시간과 집합 인원에 대한 제한으로 손님이 줄면서 나는 결국 기약 없이 가게 문을 닫을 수밖에 없었다.

 가게에 앉아 있다고 해서 뾰족한 수가 나오는 것도 아니고 밀린 월세와 전기료 그리고 각종 세금을 조금이라도 내기 위해서는 다른 일을 해야 했다. 나는 코로나 사태가 종식될 때까지 쿠팡이츠와 배달의민족과 같은 플랫폼의 배달 노동자로 일하기도 하고 공사장에 가서 일하기도 했다.

 2022년 4월. 결국 방역 수칙을 따라준 국민과 자영업자의 피와 땀 그리고 눈물로 코로나 사태는 끝이 났다. 오랜 고난의 시간을 버틴 다음에야 나는 다시 가게를 열 수 있게 되었다. 그렇게 다시 문을 연 가게에는 조금씩 손님들이 찾기 시작했고 단골은 늘어갔다. 코로나가 시작되기 전으로 일상은 돌아오는 듯했다. 코로나 팬데믹의 긴 터널을 뚫고 나온 지금 나는 더 이상 예전처럼 막연히 가게를 열면 장사가 잘될 거로 생각하지 않게 되었다. 코로나의 위기는 아무것도 모르는 채 오로지 무모한 패기만 있던 지난 시기를 돌아보게 했다. 다행히 나는 운이 참 좋은 편이었던 건지 점점 손님들이 늘어났다.

그러나 코로나 팬데믹이 끝났음에도 많은 자영업자는 매출이 코로나 이전의 상태를 회복하지 못하고 있다. 결국 코로나 기간에 점점 쌓인 대출에 높아진 이자를 갚지 못하는 경우가 기하급수적으로 늘어났다. 코로나를 거치며 우리의 소비문화는 비대면과 온라인 중심으로 바뀌었다. 그러나 이에 발맞춰 모두가 변화하는 건 현실적으로 불가능하다. 꾸준히 줄어들던 폐업률은 어느샌가 상승 반전하기에 이른다. 코로나 사태와 그로 인한 우리 사회의 변화는 작은 개인의 힘으로 극복할 수 없는 불가항력의 재난과 같은 일이었다.

한국의 방역 정책은 세계적으로 우수하다고 평가받을 정도였다. 겪어본 적 없는 감염병 사태에서도 의료 시스템은 놀라울 정도로 민첩하고 정확하게 작동했고 환자당 치명률은 미국(1.2%), 일본(0.4%) 등과 비교했을 때도 0.1% 수준으로 매우 양호했다. 그러나 방역 성공의 이면에는 자영업자를 주축으로 한 특정 계층의 사람들에게 피해가 불균등하게 전가되는 문제점이 숨어 있다. 코로나 감염의 위기 상황에서 가장 큰 타격을 입은 게 자영업자 소상공인이라는 사실은 아무도 이견이 없을 것이다.

2019년에 비해 2020년의 소상공인 전체의 영업이익 감소율은 43.1%에 달했고 가장 심각한 피해를 당한 예술 스포츠 여가업의 영업이익은 85.2%나 줄어들었다. 언론에서는 매일 같이 소상공인의 피해를 보도했고 늘어나는 손실에 버티지 못한 자영업자들이 목숨을 끊는 상황도 전해졌다. 그간 만나는 사람마다 '가게는 어떻게 하고 있는지' 같은 걱정 담긴 안부를 건네왔다. 나는 정말로 죽을 맛이었지만 무덤덤하게 그럭저럭 버티며 지낼 만하다고 했다. 가게 문을 닫고 다른 일을 하면서 하루하루 빚이 늘어나는 최악의 상황이었지만 남들에게 약해 보이고 싶지는 않았다.

전례 없는 감염병의 위협과 자영업의 위기 상황에서 정부와 정치권은 지원 방법을 논의하기 시작했다. 정부는 2020년 5월 전 국민을 대상으로 재난지원금을 지급하는 것을 시작으로 총 일곱 차례의 추가경정예산을 편성해 다양한 지원을 실행했다. 소상공인을 대상으로는 2020년 소상공인 새희망 자금과 2021년 버팀목 자금, 버팀목 플러스, 소상공인 희망회복 자금 등 간접적인 지원에 초점을 맞춘 정책이 실행됐다.

이에 소상공인들은 정부의 방역 지침에 따른 손실 보상에 대해서도 논의를 요구하기 시작했고 여당인 민주당이 적극적인 태도를 보였다. 그러나 기획재정부와 홍남기 장관은 해외에서도 법제화한 전례가 없다는 것과 재정 부담을 이유로 들어 난색을 보였다. 여당인 민주당은 반발했고 국무총리였던 정세균 총리는 "여기가 기재부의 나라냐.", "개혁 반대세력"이라는 표현을 써가며 기획재정부를 공개적으로 질타했다. 문재인 대통령이 손실 보상의 제도화에 힘을 실으며 행정부 안의 갈등 그리고 여당과 행정부의 갈등 국면은 일단 끝나는 듯했다. 그러나 재난지원금을 폄훼하고 방역 실패론을 주장하던 국민의힘은 세부적인 내용에서 이견을 보였고 결국 논의가 시작된 2020년 1월에서 반년이나 지난 2021년 7월에야 통과하게 되었다.

그러는 사이 나는 새로운 대출을 받았다. 평생 만져본 적이 없는 큰돈이 매달 수백만 원씩 사라져 갔다. 결국 2년 동안 여러 은행과 제3금융권을 포함해 5,000만 원이 넘는 빚을 떠안게 됐다. 남의 가게에서 하루 일해도 한 달에 250만 원, 300만 원은 번다. 그런데 나는 지금 내 손으로 무슨 짓을 벌이고 있는 건가 하는 생각에 괴로웠다. 은행 대출로 가게를 유지하는 말도 안 되는 짓을 하고 있는 현실이 도저히 이해되지 않았다. 그러는 동안 내가 정부로부터 받은 것은 영업 제한에 대한 보상 명목의 몇 달 치 월세 정도 되는 지원금뿐이었다.

코로나 사태에 세계 각국의 정부는 적극적인 재정 지출로 대응했다. GDP 대비 이탈리아는 46.2%, 일본은 45%, 독일은 43.1% 등을 지출할 때 우리나라는 16.5%만 지출하는 수준에 그쳤다. 우리나라보다 소상공인의 비율이 10% 이상은 낮은 다른 나라들보다도 재정 지출이 적었을 뿐만 아니라 그나마도 16.5% 중에서 10.1%는 대출 등 간접 지원에 불과했다. 이는 결국 세계 다른 나라들보다 우리나라에서는 국가가 부담해야 할 방역 부담을 개인에게 수백조 원 더 많이 전가했다는 것을 말한다. 나라 살림이 어려워서였을까. 그것도 아니었다. GDP 대비 국가 부채 비율은 대한민국이 45.7%로 스페인(141.7%), 프랑스(133.7%) 영국(132%) 미국(127.7%) 독일(76.4%)보다 한참이나 낮았다. 그 결과 소상공인에게 지원된 현금성 자금은 모두 37조 원 규모에 불과했고 매번 지급될 때마다 달랐으나 적게는 100만 원에 많게는 300만 원이 넘는 정도였다. 그동안의 피해를 복구하기에는 턱없이 적은 금액이었다.

2024년 3월 6일
코로나 때 빌렸던 대출의 마지막 남은 돈을 갚았다. 운전을 하며 집에 올 때에 힘들었던 그때가 떠올랐고 결국 내가 이겼다는 생각에 코끝이 찡했다. 어금니를 깨물어 눈물을 참았다. 다시는 이런 일이 없었으면 한다.

시간이 흘러 코로나라는 거대한 쓰나미는 엄청난 수

의 자영업자를 잡아먹고 난 다음에야 물러났다. 2년 사이에 자영업 생태계는 초토화되었다. 폐허 속에서 덩그러니 남겨진 자영업자들에게는 침체한 내수경기와 하루가 다르게 오르는 물가 그리고 독과점 플랫폼 기업의 횡포에 대항해 다시 일어설 힘이 남아 있지 않았다. 코로나 방역 지침을 기꺼이 따른 사람들에 대한 처우가 어떻게 이럴 수 있는 걸까.

나는 유독 자영업자의 문제를 대하는 우리 사회의 민감성이 낮다고 생각한다. 이는 결국 소극적인 정책적 의지와 느린 대처로 이어졌다. 그나마 코로나 피해가 집중된 자영업자를 대상으로 한 정책들은 지연되었다. 기획재정부를 필두로 한 정부의 재정 대응이 그만큼 소극적이었다는 사실은 누구도 부정할 수 없다. 또한 당장 소비 진작을 위한 재정 투입이 절실함에도 보편적 지원이냐 선별적 지원이냐를 두고 정치적 갈등이 지나쳤던 것도 문제였다.

요즘 정부는 자영업자를 지원하겠다며 저리 대출을 위한 예산을 편성한다고 한다. 하지만 추가 대출은 빈사 상태의 저소득 자영업자에게 산소 호흡기를 달아주는 연명치료일 뿐이다. 물론 대출이 어려운 자영업자의 특성상 대출이 필요한 사람들도 있겠지만 결국 늘어난 대출을 견디지 못할 가능성이 크다.

코로나 사태를 겪으며 배달 플랫폼 업체들은 엄청난 성장을 이루었다. 2019년 코로나 이전에는 9조 7,354억 원 규모였던 배달시장 규모는 2022년 26조 339억 원으로 성장했다. 코로나를 계기로 배달 플랫폼 업체는 독과점이 공고해진 다음에 배달료를 자영업자에게 전가하고 수수료를 높이기 시작했다.

수수료와 배달료를 자영업자에게 전가하는 문제가 사회적으로 주목받게 되자 정부는 놀라운 대책을 내놓았다. 자영업자가 부담하는 배달료를 일부 지원하겠다는 것이다. 이는 작년 독일 본사에만 배당금을 4,000억 원을 보낸 배달의 민족에게 세금으로 매출을 올려주는 꼴이다. 플랫폼 앞에 한없이 약한 먹잇감에 불과한 자영업자의 상황을 생각하면 플랫폼 기업이 수수료 인상과 배달료 인상을 또 하지 않으리라는 법도 없다.

나는 공직자들이 자영업자에게 어쩜 이렇게 무심하

고 야박한지 이해할 수가 없다. 한참이나 생각해 봐도 이유를 찾지 못해 그저 이 모든 게 낯선 분야에 대한 몰이해에서 비롯된 거로 생각하기로 했다. 자영업을 해보지 않은 사람이 자영업자를 온전히 이해하기란 어렵다. 물론 자영업뿐만 아니라 다른 직종도 마찬가지일 것이다. 나의 소망은 그저 정책 결정권을 가진 사람들이 당사자의 목소리에 귀 기울이고 반영해 주는 것뿐이다.

알바생을 찾습니다

처음 가게를 열면 오픈발이라는 게 있다. 자영업자라면 대부분 경험해 봤을 3개월의 법칙이다. 처음 가게를 열면 3개월 동안은 장사가 잘되다가 그 이후부터는 손님이 급격하게 줄어든다는 것이다. 아마도 가게를 열기 전에 공사하는 가게 앞을 지나다니면서 어떤 가게인지, 언제 오픈하는지 궁금해하던 사람들이 호기심에 방문하기 때문일 것이다.

그러나 우리 가게는 막 코로나가 시작할 때 열었기 때문에 오픈발은 없었다. 아직도 가게 문을 처음 열었던 날이 기억난다. 가게에 손님이 한 명도 오지 않아서 당황스럽고 허탈한 마음으로 가게 불을 끄고 퇴근했다.

야속하게도 그날은 미세먼지 한 톨 없이 날씨가 정말 좋은 가을날이었다.

처음에는 손님이 없었기 때문에 친구와 둘이 가게를 보았다. 원래는 혼자 할 생각이었지만 가게에 돈 들어갈 곳이 남아 있기도 하고 가게를 열면 일손이 필요할 것 같아서 친구에게 약간의 비용을 투자받고 수익을 나누기로 했다. 나는 주방일을 하고 친구는 서빙을 하기로 했는데, 친구는 싹싹하고 낯을 가리지 않는 편이어서 곧잘 손님들하고 친해졌다.

그러다 코로나 위기가 지나가고 우리 가게에도 점점 손님이 늘기 시작했다. 적자에 허덕이던 가게는 그나마 월세는 낼 수 있게 되었고, 시간이 지나면서 조금이나마 수익이 생기기 시작했다. 그러는 사이 친구는 원하던 곳에 취업이 되어 언젠가부터는 혼자서 장사하게 되었다.

점점 늘어나는 손님 덕택에 더 이상 혼자서 가게를 운영하기는 벅찬 상황에 이르렀다. 어금니 꽉 깨물고 어떻게든 혼자서 운영할 수도 있겠지만 체력이 문제였다.

요리하고 서빙하고 테이블 치우고… 모든 일을 혼자 하다 보니 체력의 한계가 왔고, 집에 가자마자 기절하듯 잠들어 출근 시간이 다 되어야 겨우 일어날 정도로 피곤했다. 이러다가는 쓰러질 것 같다는 생각에 나는 아르바이트생을 구하기로 했다. 그동안 아르바이트를 많이 해보긴 했으나 아르바이트생을 뽑는 건 처음이었기 때문에 이런저런 걱정부터 들었다. '좋은 사람을 뽑을 수 있을까', '금방 그만두면 어떻게 하지'… 하루에도 몇 번씩 고민에 빠졌다.

나도 수많은 아르바이트를 해봤기 때문에 아르바이트생이 가게에 얼마나 큰 영향을 끼치는지 잘 알고 있었다. 가게가 잘되는 데는 아르바이트생이 잘해준 영향도 있는 것이다. 이와는 반대로 아르바이트생이 가게에 해를 끼치는 때도 있다. 내가 스무 살 때 일하던 고깃집에서 있었던 일이다. 같이 일하던 아르바이트생이 당일에 문자 한 통만 남기고 그만둔 적이 있었다. 인터넷 커뮤니티에서 '알바 추노한다'는 게 바로 이런 거구나 싶었다. 새로운 아르바이트생을 뽑기 전까지 고깃집 사장님과 나는 며칠 동안 고생하느라 손님들을 제대로 대접할 수 없었다.

아르바이트생 때문에 큰 사건이 일어난 적도 있다. 내가 아르바이트했던 치킨집에서 같이 일하던 형이 일을 그만둔 다음에 시청 위생과, 노동청 등 신고할 수 있는 모든 곳에 치킨집을 신고한 것이다. 결국 치킨집 사장은 며칠 동안 조사받았는데 다행히 법을 어기지 않아서 아무 처분도 받지 않았다. 하지만 한동안 긴장 상태에서 이것저것 조사를 받아야 했다.

이런 경험을 통해 사람을 채용하고 함께 일하는 것은 쉬운 일은 아니라는 걸 일찍부터 알게 되었다. 서로 살아온 환경이 다르니 생각도 다르고 성격도 제각각이니 딱 맞는 사람을 찾기는 어려운 것이 당연하다. 다른 사람과 일할 때면 작은 것이라도 마찰이 생기는 이유도 그런 게 아닐까.

이런저런 걱정은 접어두고 구인 사이트에 아르바이트 모집 공고를 올렸다. 채용 공고에 가족 같은 분위기라고 써놓는 곳은 거르라고 하는 커뮤니티 유머들이 떠올랐다. 잠시 가족 같은 분위기가 도대체 뭘까 생각했다. 나처럼 동생에게 심부름시키고 마음껏 부리는 게 진정한 가족이 아닐까 생각했다. 결국 나는 가족 같은 분위기라고 적어 공고를 올렸다. 가게가 대학교 바로 앞에 있어서인지 공고를 올리자마자 수많은 사람이 지원했다. 나는 지원자들이 보낸 문자를 보고 짧은 자기소개가 괜찮아 보이는 사람들을 가게로 불렀다.

나는 면접을 봤던 사람 중에 마음에 드는 사람이 있으면, 자기소개서에 적혀 있는 기존 근무처에 전화해 본다. 자기소개는 일방적인 자기 PR이지만, 함께 일했던 곳에서의 평가는 객관적일 수 있기 때문이다. 근무처에서 일은 곧잘 했는지, 어떤 친구인지 물어본다. 전에 일했던 곳에서 잘했던 사람은 우리 가게에서도 잘할 테니까. 잘하는 사람은 어딜 가나 잘한다. 사실 지원자들이 일했던 곳에 전화하는 건 참 어색하고 쑥스러운 일이다. 그래도 혹시나 하는 마음에 일종의 평판 조회를 한다. 이렇게 전화했을 때, 다행히 아직 혹평을 들은 적은 없다.

술집 일이라는 게 생각보다 힘이 꽤 많이 든다. 술 박스도 무거운 데다가 저녁부터 새벽까지 일하기 때문에 훨씬 힘들다. 그래서 웬만하면 아르바이트생으로 남자를 뽑으려고 했다. 그건 나의 편협한 생각에서 나온 편견에 불과하다는 것을 나중에 깨닫게 되었다. 아무튼 아르바이트생을 뽑아 함께 일하다 졸업이나 입대로 그만두면 또 새로운 아르바이트생을 뽑고… 그렇게 몇 번의 만남과 헤어짐을 겪었다.

나는 아르바이트 생활을 오래 해봤기 때문에 아르바이트생들에게 잘해주기 위해 신경을 많이 쓰는 편이다. 오후 6시, 7시쯤 출근하면 밥부터 먹고 오라고 카드를 주고, 주변 가게들이 최저 임금인 시급 9,860원을 줄 때 1만 2,000원을 주었다. 아르바이트생들이 잘해주길 바란다면 그 수준에 맞는 시급을 주면 된다고 생각했기 때문이다. 또 가게가 평소보다 바쁠 때는 기본 일당에 1시간 시급을 더 주곤 했다. 나름 신경 쓴다고 했는데 아르바이트생들이 어땠는지는 모르겠다. 그래도 다들 우리 가게에서 일하는 게 괜찮았는지 오래 일하고 싶어 했고 졸업이나 입대하는 게 아니면 먼저 그만두는 일은 없었다.

새로운 학기가 되기 전 일하던 아르바이트생이 군대에 가게 돼서 아르바이트 채용 공고를 올렸다. 앞서 이야기한 것처럼 아르바이트 공고를 올리면 많은 수의 지원자가 연락하는데, 어느 정도로 많냐면 적어도 쉰 명에서 많게는 백 명 가까이 된다. 보낸 문자를 살펴보면 모두 가게 앞 대학교에 다니는 학생들이다. 면접을 다 볼 수는 없기에 자기소개서와 아르바이트 경력 등을 본 다음 스무 명 정도 선별한다.

신중히 선별하고 선별한 다음에는 가게로 불러서 면접을 본다. 면접 시간은 5분도 걸리지 않는데 학교생활도 물어보고 어떤 아르바이트를 해봤는지 등을 물어본다. 그런데 지원한 사람 중에 근무 시간이 맞고 내 기준으로 괜찮아 보이는 지원자가 딱히 없었다. 한 여학생이 아르바이트도 많이 해봤고 성실해 보이긴 했으나 힘든 술집 일을 잘 해낼 수 있을지 의문이어서 결국에는 당분간 힘들어도 기존 아르바이트생들의 근무 시간과 요일을 늘리는 편이 나을 것 같았다. 지원자들에게는 아쉽지만 이번에 함께하지 못하게 되었다는 문자를 보냈다.

며칠 후, 그 여학생이 친구들과 우리 가게에 술을 마시러 왔다. 나는 티는 안 냈지만 내심 놀랐다. 아르바이트에 지원했다가 떨어진 가게에는 왠지 가기 꺼려질 것 같았기 때문이다. 그러나 여학생은 별로 개의치 않는 듯했다. 여학생을 떨어뜨린 미안함과 그런데도 거리낌 없이 찾아온 것에 대한 놀라움 그리고 열심히 할 것 같은 느낌적인 느낌 때문에 다음 주부터 일하러 나오라고 했다.

술집 일이 체력적으로 힘드니 남학생을 뽑아야 한다는 오해와 편견이 무너지기까지는 오래 걸리지 않았다. 그 친구는 1년 동안 일을 잘하다가 편의점 아르바이트를 경험해 보고 싶다며 그만뒀다. 두 달 정도 지났을 때 편의점 사장 성격이 이상하다며-나는 모르는 사실이고 100% 본인 주장이다-그만두고 다시 우리 가게에서 일하고 싶다고 했으나 아쉽게도 빈자리가 없었다. 역시 집 나가면 고생인 법이다. 이제 그 친구는 대학원에 갔지만 아직도 친구들과 술을 마시러 우리 가게에 온다. 나는 그때마다 옛날이야기를 한답시고 "우리 가게에서 잘렸는데, 다른 곳에서도 잘렸던 아르바이트생"이라며 장난을 친다.

물론 아르바이트생들과 일하면서 마찰이 없었던 것은 아니다. 어떤 아르바이트생은 아프다면서 쉬었는데 사실 거짓말을 하고 놀러 갔던 것을 다른 아르바이트생이 나에게 고자질해서 알게 된 일도 있었고 하루걸러 한 번씩 꼭 5분 10분 지각하는 아르바이트생도 있었다. 비록 실수이긴 했지만 가게에 있는 비싼 네온사인을 부숴버린 아르바이트생도 있었다. 그럴 때면 나도 사람이라서 기분이 좋지 않지만 아직 어린 친구들이니 그러려니 생각하고 잘하자는 말 한마디로 넘기는 편이다. 세상에서 나의 마음에 꼭 맞는 사람은 오직 나밖에 없다는 것, 그리고 이 넓은 가게에서 혼자서 할 수 있는 일은 그리 많지 않다는 사실을 나는 잘 알고 있다.

2023년 7월 12일
오늘 아르바이트생이 낮잠을 자느라 1시간 넘게 지각을 했다. 단체 예약이 있는 날이었다. 출근 시간이 지나도 전화를 받지 않아서 애가 탔다. 그동안 혼자서 고군분투해 겨우 버텨냈다. 힘들었지만 늦잠 자고 싶어서 잤겠나 생각했다. 지각해서 미안해하는 표정에 별말은 안 했다. 학교 다니랴 알바하랴 힘들었겠지. 안쓰럽다.

아르바이트생들과 일을 하면서 이런저런 좋지 않은 일을 겪을 때마다 나는 나의 주변 사람들도 나를 참아

주고 있다는 것을 떠올린다. 우리 가게에서는 내가 가장 숙달되고 노련하지만 나도 다른 곳에서는 우리 가게 아르바이트생들처럼 미숙하고 실수도 잦다. 별다른 재능이 없는 나를 보는 이동형 작가와 오창석 임경빈 황희두는 오죽할까 싶기도 하다. 아르바이트생들이 기대에 못 미치고 부족해 보일 때면, 내가 실수하거나 잘못해도 내 곁을 지켜주는 사람들을 생각한다.

다행히 이제까지 우리 가게에서 아르바이트를 한 친구들은 모두 괜찮은 친구들이었다. 우리 가게를 거쳐 간 아르바이트생들은 모두 열심히 맡은 일을 해주었고 지금 있는 아르바이트생들도 잘 해내고 있다. 시간이 지나면서 여러 아르바이트생을 겪고 나니 어느 순간부터는 나의 편견에 의해 만들었던 채용 기준은 별 의미가 없게 되었다. 지금까지 함께 일했던 아르바이트생들이 뽑힌 이유는, 고등학교 때 친했던 친구를 닮아서, 학생회장 선거에서 떨어졌다길래 안타까워서, 체육학과라 힘이 셀 것 같아서, 지방에서 올라왔는데도 열심히 사는 것 같아서, 다른 곳에서 장사가 안된다고 잘렸다고 하니 안타까워서 뽑은 친구들이다. 제각기 다른 이유로 뽑았지만 다들 열심히 잘해주어서 고맙다.

따라 하기와 개성

 아마도 요식업에 종사하는 자영업자 중에는 나처럼 원래 장사와는 전혀 상관없는 일을 했던 사람이 많을 것이다. 우리 가게의 첫 번째 사장은 가게 앞 대학교에서 총학생회장을 했던 선배였다. 나는 대학교에서 법학과 철학을 전공하고 졸업 후 주변의 도움으로 방송에 이따금 나갔으나 실상은 고정된 직업이 없는 반백수였다. 장사를 하기 전부터 나를 알던 사람들은 내가 요식업 그것도 대학교 앞에서 술집을 한다는 소식을 듣고 놀라곤 한다. 콘셉트인가 의심하기도 하고, 장사를 해본 적도 없고 요리도 할 줄 모르는 사람이 하는 술집이 과연 제대로 된 곳이겠냐고 농담하기도 한다. 메뉴에서 ○○탕 같은 요리에는 라면수프를 넣느냐고 물었던 선배도 있다.

그런데 막상 우리 가게에 놀러 온 사람들은 생각보다 음식들이 맛있다거나, 인테리어가 좋다거나, 가게가 깔끔하다는 등 칭찬한다. 나는 그런 말을 들을 때마다 괜히 으쓱해진다. 공중제비라도 돌면서 내가 장사하며 했던 노력을 늘어놓고 싶지만 "요즘 자영업이 어렵다는데 그래도 망하지 않는 이유가 다 있겠지…"라고 짧게 답한다.

지금 돌이켜 보면 가게를 열었던 초반에는 정말 황당하게 가게를 운영했다. 하나부터 열까지 전혀 체계적이지 않았고, 심지어 음식들은 그때그때 맛이 달랐다. 부끄럽지만 음식을 제대로 조리하지 않은 적도 많았다. 덜 튀겨서 속이 차가운 치킨, 면이 덜 익은 칼국수를 만들어 손님에게 내기도 했다. 겉은 뜨겁고 속은 차가운 튀김을 먹었을 그때의 손님에게 진심으로 미안하다. 그때 나는 손님에게 나가야 할 안주로 연습하고 있었던 것 같다.

2024년 10월 8일

성민이 형이 가게에 왔다. 다른 형들을 데려왔다. 안주가 사람이 먹을 수 있는 거냐고 농담을 했다. 그러다 막상 한번 먹어보더니 놀란다. 참 까탈스러운 사람인데도 입에 잘 맞다니 다행이다. 돈 받고 파는 거라서 맛이 있어야 하는 게 당연한데도 괜히 으쓱했다. 나는 술에 취한 김에 먹은 것보다 더 계산해 달라고 분위기를 몰아갔다. 결국 먹은 것보다 더 계산시키기에 성공했다. 알바생들 일당은 해결했다.

  이대로는 안 된다는 생각이 들었다. 망하는 건 시간문제였다. 요식업은 난생처음 해보는 일인데도 준비 없이 무턱대고 저질러 버린 결과였다. 그때부터 나는 인터넷을 뒤지며 기본적인 식자재부터 공부했다. 그러면서 두부와 채소, 고기 같은 재료들은 어떻게 손질하고 신선도는 얼마나 유지되는지 알게 되었다. 육류 중에서 닭고기가 제일 빨리 상하고 그다음은 돼지고기라는 것, 냉장보다 해동한 냉동 고기가 빨리 상한다는 것. 그리고 어떻게 해동해야 원물에 최대한 가까워지는지, 그리고 어떻게 조리해야 맛이 있는지 등 인터넷 여기저기를 검색했다.

  장사와 요리에 대해서는 아무것도 모르는 백지상태였기 때문에 무작정 배우고 따라 하는 수밖에는 없었다. 한동안 가게 문을 닫고 주방에서 수십, 수백 번을 연습했다. 주로 유튜브에서 조회수가 많고 유명한 요리사들을 무작정 따라 했다. 처음에는 기본적인 칼질도 제대로 못 해 손 여기저기에 상처만 났는데 실력은 하루가 다르게 나아져 갔다.

  어쩌면 백지상태여서 모방과 연습의 효과가 바로 나타났던 건지도 모른다. 물론 남들이 하는 걸 따라 하다 보니 생전 회는 뜰 줄도 모르면서 회를 팔려고 하거나 술집 사장이 아닌 레스토랑 셰프라도 된 듯 착각하는 순간들도 있었다. 그럴 때마다 우리 가게의 전 사장이었던 전용기 의원이 따끔한 소리를 해줬던 게 정말 다행이라고 생각한다.

  《장자(莊子)》의 〈천운〉 편에는 "서시빈목(西施嚬目)"의 유래가 된 이야기가 나온다. 고대 중국의 4대 미녀인 월나라 서시는 심장병을 앓아 가슴에 손을 올리고 얼굴을

찌푸리고 다녔다. 그 마을에서 못생기기로 소문난 여자가 서시의 아름다운 모습을 보고 가슴에 손을 대고 얼굴을 찡그리고 다녔다. 그러자 마을의 부자들은 문을 굳게 닫고 집에서 나오지 않았고, 가난한 사람들은 가족을 데리고 마을을 떠났다고 한다. 못생긴 여자는 서시의 아름다움이 행동에서 나오는 것이 아님을 몰랐던 것이다. 장자는 이 이야기를 통해 외형에만 사로잡혀 본질을 꿰뚫어 보지 못하는 행태를 풍자했다. 남을 맹목적으로 모방하는 어리석은 짓은 하지 말라는 거다.

가게마다 독특한 개성과 메뉴가 있어야 살아남는 요식업의 세계에도 장자의 이야기는 딱 들어맞는 듯하다. 잘 되는 가게를 무작정 따라 한다고 우리 가게가 잘되는 것은 아닐뿐더러 역효과가 날 수도 있다. 하지만 추녀가 서시의 아름다움을 조금이라도 닮고 싶어 하는 노력은 비록 어리석다고 할지라도 평가할 만하다고 생각한다. 추녀는 다른 여자들이 아무것도 하지 않을 때 서시를 따라 하기라도 했기 때문이다.

아직도 많은 자영업자가 쉽고 빠른 창업을 선호한다. 아무 준비도 안 된 상태에서도 창업할 수 있는 프랜차이즈가 인구 대비 미국과 일본의 10배나 많다고 하니 얼마나 많은 사람이 과거의 나처럼 자영업을 쉽게 생각하고 뛰어드는지 알 수 있다. 실제로 소상공인진흥공단이 전국 1만 490개 소상공인 사업체를 대상으로 시행한 조사에서 소상공인들이 충분한 준비 없이 창업 시장에 뛰어드는 경향이 뚜렷하다는 걸 알 수 있다. 창업 준비 기간은 3~6개월이 26.2%로 가장 많았으며 1~3개월도 23.9%였다. 반년이 안 된다는 응답이 합쳐서 50.1%나 되는 것이다.

더본코리아의 백종원 대표도 2018년 국회 국정감사 참고인으로 출석해 비슷한 이야기를 했었다. 그는 "외식업 창업을 쉽게 할 수 없도록 문턱을 높여야 한다."라면서 창업 과정에 대한 교육을 통해 창업의 문턱을 높이는 대안을 제시하기도 했다. 음식점 운영에 대해 잘 모른 채 무턱대고 뛰어들었다가 실패하는 경우가 지나치게 많다는 것이다.

장사에 대해 아무것도 모르던 시기에 SBS의 예능 프로그램 〈백종원의 골목식당〉은 내게 큰 도움이 되었다. 처음 장사를 시작하고 막막했던 나는 처음에 호기심에,

나중에는 배우고 따라 하기 위해 골목식당 프로그램을 모두 찾아보았다. 〈백종원의 골목식당〉에는 다양한 자영업자가 출연한다. 가게 운영을 잘하는데도 1%가 모자라 손님이 없는 곳도 있지만, 식자재 관리부터 위생 그리고 음식의 맛이나 접객, 가격 등에서 여러 문제가 있는 곳들도 나온다. 방송을 보면서 계량과 레시피 정형화의 중요성, 손님의 저항 없이 객단가를 높이는 방법, 식자재를 고르고 관리하는 법 등을 배웠다.

실제로 프로그램의 기획 의도에는 "전체 자영업 중 폐업 업종 1위 '식당'! 하루 평균 3,000명이 식당을 시작하고, 2,000명이 식당을 폐업한다! 모든 식당은 나름의 걱정과 문제를 갖고 있는 법! 1,000개의 가게가 있다면, 1,000개의 상황이 있다. 요식업 대선배 백종원 대표가 각 식당의 문제 케이스를 찾아내고 해결 방안을 제시! 식당을 시작하는 사람들에게 '교본'이 되어줄 프로그램!"이라고 나와 있다. 나는 실제로는 백종원 씨를 만나본 적은 없지만, 백종원 씨에게 많은 것을 배웠다. 누군가 장사에 관해 물어오면 농담처럼 백종원의 제자라고 말하곤 한다. 자영업을 시작하려는 사람들은 꼭 이 프로그램을 시청했으면 한다. 방송에서 백종원 대표가 이야기하는 것은 사실 장사를 하는 사람으로서 당연히 해야 하는 것들이다. 그런데도 그런 기본조차 지키지 않는 사람들이 너무 많고, 서시빈목조차 하지 않는 사람들은 더 많은 것이 안타까운 현실이다.

대통령 선거를 앞두고 '음식점 허가총량제'가 화두가 된 적이 있다. 당시 보수 정치인들은 국가의 과도한 규제, 창업의 자유 제한 등을 이유로 반대했다. 음식점 허가총량제의 본질은 시장의 과포화로 인한 부작용을 줄이자는 것이다. 외식업계의 낮은 진입장벽으로 인한 문제들을 해결하자는 것이다. 과도한 경쟁으로 생존이 어려워진 프랜차이즈 본사들은 경쟁력을 키우기보다 가맹점을 옥죄어서 수익을 극대화해 왔고 소중히 모은 종잣돈을 날리는 소상공인들이 매년 수만 명씩 속출하고 있다.

정부가 공급을 조절하는 택시 총량제와 화물차 총량제처럼 이제 자영업에 대한 논의도 필요하다. 창업할 때 의무적인 교육 이수를 포함해 관련 업계에서 종사했던 경력 등을 필수 조건으로 하거나 경영 컨설팅을 받게 하는 건 어떨까. 한 사람의 인생이 달린 문제인데 자유시장경제와 직업 선택의 자유에만 초점을 맞춰 자영업자들을 방치하는 것은 국가의 업무 태만 아닐까.

자영업자 생존일기

쉬운 창업 무한경쟁

 친한 선배가 장사하고 싶다고, 집 근처에 가게를 알아보려 한다고 연락이 왔다. 나는 해주고 싶은 말이 많았지만 "요즘 가게들이 쉽지 않아요. 다들 어렵다고 해요."라고 짧게 말했다. 마음 같아서는 도시락이라도 싸 들고 말리고 싶었지만 선배는 확고한 것 같았다. 마음 먹고 계획을 세운 사람을 막는 건 불가능하다. 선배는 아마 매일 손님으로 붐비는 자신의 가게를 상상하고 있을 것이다. 그쯤 되면 거리를 걸을 때 장사가 안되어서 망하기 직전인 가게는 눈에 안 들어오고 손님으로 붐비는 대박집에만 눈길이 간다. 그리고 하루라도 빨리 가게를 열어서 나도 성공의 대열에 동참해야 한다는 생각에 안달이 난다. 바로 내가 그랬다.

나도 남들이 "경기가 어렵다. 장사가 힘들다." 아무리 이야기해도 들리지 않다가 직접 해보고 나서야 장사가 쉬운 게 아니라는 걸 깨달았다. 다행히도 우리 가게는 10년이 넘었다. 먼저 했던 선배가 5년 정도 운영했고, 이어서 내가 5년 가까이 운영하고 있다. 그사이 수많은 이웃가게들이 문을 닫았으니 살아남은 것만으로도 그나마 성공한 셈이다.

그동안 우리 가게는 인테리어를 바꾸고 간판도 새로 하고 메뉴도 많이 달라졌다. 가게가 낡아가는 이유도 있지만 도태되지 않으려 기를 쓰고 발버둥 친 결과다. 간접조명이 유행일 때는 자재를 사서 장사가 끝난 시간에 조금씩 공사해 조명을 바꿨고, 마라탕 유행이 불자 마라전골을 만들었다. 사실 그런다고 바로 눈에 띄는 효과가 나타나는 건 아니다.

뭘 해도 불확실하므로 장사가 어렵다. 나는 우리 가게에 이렇게 손님이 꾸준한 이유를 정말로 모르겠다. 운칠기삼이라는 말처럼 운이 따랐다고 생각한다. 그렇지만 나는 다른 사람에게 가게가 어렵다고 말하는데, 혹시 우리 가게가 꾸준히 잘된다는 말에 장사를 고민하던 사람이 마음을 굳히게 될까 봐 그렇게 말하곤 한다.

누군가는 정치를 종합 예술이라고 하는데, 나는 장사야말로 종합 예술이라고 생각한다. 음식 맛도 있어야 하고, 가게 분위기도 좋아야 하고, 손님에게 처세도 잘해야 한다. 가게는 왜 그렇게 자주 이곳저곳이 고장 나고 낡아지는지, 그때마다 고치려면 손재주도 있어야 한다.

자영업자들은 자신의 의지와는 상관없이 가게에 온 손님들에 의해 SNS에서 비교된다. 더 힙한 가게 인테리어와 분위기, 더 맛있어 보이는 음식들이 SNS 속 세상에는 넘쳐나고 손님들의 눈높이는 점점 높아진다. SNS 속 타인의 즐거워 보이는 일상을 부러워하고, 자신의 현실과 비교하며 상대적 박탈감을 호소하는 사람들이 많다고 한다. 이제 우리 가게의 경쟁자는 근처의 같은 업종의 가게가 아니라 다른 지역의 가게들인 것 같다.

우리 가게가 있는 대학가 상권에는 영업을 오래 해왔던 가게가 대부분이었다. 크게 줄거나 늘지 않는 꾸준한 소비층이 있기 때문일 것이다. 그런데 코로나가 지나고 2023년과 2024년 사이에 많은 가게가 문을 닫았고 새로운 가게들이 생겼다. 우리 가게와 같은 업종인 술집도 1년 사이에 4곳이 문을 닫았다. 밥집은 더 많은 곳이 문을 닫았고 부동산에 내놓았지만 팔리지 않은 가게들도 많다. 코로나 시기에 적자가 늘어난 데다 코로나 이후 소비 트렌드가 바뀌어서 이전보다 장사가 안되었기 때문일 것이다.

우리 가게보다 위치가 좋은 대로변의 맥줏집은 2012년쯤 개업했는데 내가 가게를 시작할 때까지만 해도 정말 손님이 많았다. 당시 유행했던 스몰비어 열풍에 가게는 늘 북적북적 학생들로 가득했다. 나는 장사가 잘되는 그 가게가 내심 부러웠다. 그런 가게가 손님이 점차 줄더니 작년에 문을 닫았다. 같은 업종이었기 때문에 정말로 남 일 같지 않았다. 다음은 우리 가게가 닫을 수도 있다는 생각이 들었다. 잘되던 가게가 왜 문을 닫게 되었을까 고민도 해봤는데 이유야 여러 가지겠지만 결국 가장 큰 이유는 손님들의 취향이 바뀌었기 때문인 것 같다.

다른 나라 소비자와 비교했을 때 우리나라 소비자들은 새로운 제품이 등장했을 때 유행 민감도가 높고 타인 지향성이 높다고 한다. 쉽게 말해서 쉽게 유행에 편승하고 많은 사람이 경험했던 것을 따라 하려는 성향이 강하다는 것이다. 불과 몇 년 전으로만 거슬러 올라가도 대만 카스텔라, 탕후루, 벌꿀 아이스크림, 스몰비어 등이 떠오른다. 이런 반짝인기 아이템의 결과는 알다시피 끔찍하다. 반짝인기에 편승해서 장사하다 성공적으로 엑시트한 사람들도 있지만, 쉽게 창업했다가 유행이 끝나서 쫄딱 망하는 사람이 대부분이다.

우리나라에서는 누구나 너무 쉽게 자영업에 뛰어들 수 있다는 게 문제다. 점포를 임차하고 위생교육과 소방안전교육을 받고, 행정관청에 영업허가와 사업자등록을 하는 모든 과정은 단 1주일도 걸리지 않을 정도로 쉽다. 나는 인테리어를 혼자 했기 때문에 시간이 더 걸렸지만, 영업을 위한 행정 절차는 3일 만에 끝났다. 실제로 서울연구원의 조사에 따르면 서울의 작은 식당 3곳 중 1곳은 문을 여는 데 걸린 시간이 한 달밖에 안 되었고, 전체 음식점의 평균 준비기간도 5개월을 넘지 않는다고 한다. 반면에 가까운 일본에서는 아이템을 정하고 준비하는 데에 몇 년, 기술을 익히는 데 몇 년, 적절한 가게 위치를 찾는 데 몇 년 등 아주 오랜 기간에 걸쳐 창업을 준비하는 게 일반적이라고 한다. 미국에서도 최소한 6개월은 걸리는데 특히 주류를 판매하려면 주류 판매에 대한 라이선스가 필요하고 사업 자금까지 증빙해야 한다고 한다. 주방의 배수 시설, 온도기, 살충 장비 등에도 각각 규정이 있는데 국가과학재단의 인증을 받은 규격의 싱크대를 사용해야 할 정도로 깐깐하다.

다른 나라들에 비해 쉽게 자영업을 시작할 수 있는 만큼 우리나라에는 자영업자가 많다. OECD 회원국 중에서 비임금 근로자, 즉 자영업 종사자 비중은 한국이 23.5%로 7위를 기록했다. 1위는 콜롬비아(53.1%)이고 다음이 브라질(32.1%), 멕시코(31.8%), 그리스(30.3%), 튀르키예(30.2%), 코스타리카(26.5%), 칠레(24.8%), 그리고 우리나라이다. 상위권에는 주로 중남미의 관광업 중심의 국가들이 있다는 사실을 고려할 때 우리나라에 자영업 비중이 높은 것은 이례적이다. 그에 비해 미국(6.6%), 캐나다(7.2%), 덴마크(8.6%), 독일(8.7%), 호주(9.0%), 일본(9.6%) 등은 자영업자 비중이 낮은 편이다.

2024년 11월 24일
근처의 술집이 문을 닫는다고 한다. 한양대 에리

카 졸업생 몇 명이 모여 열었던 곳이다. 불과 2년 전에 문을 열었는데 금방 문을 닫는다. 나보다 겨우 몇 살 어린 친구들이라서 잘되기를 바랐지만 안타깝게 되었다. 혹시 다음은 우리 가게가 아닐까 생각도 해본다.

우리나라에서는 자영업자 비중이 높다 보니 경쟁이 치열하고, 경쟁이 치열하다 보니 자영업을 오래 운영하기가 굉장히 어렵다. 우리나라의 숙박·음식점업 생존율은 1년 67%, 3년 44%, 5년 24%이다. 5년 안에 10곳 중에 8곳은 망한다는 뜻이다. 반면에 미국의 숙박·음식점업 생존율은 1년 73%, 3년 50%, 5년 40%이다. 자영업을 하기 위해 통과해야 하는 기준이 까다롭고 그만큼 시간이 오래 걸리기 때문에 더 철저하게 준비한 결과 폐업률이 우리나라보다 낮은 게 아닐까 추측한다.

이미 포화 상태인 시장에서 우후죽순 매일 같이 생겨나는 가게들과 치열한 경쟁을 하다 보니 성공한 프랜차이즈를 따라 하거나 메뉴를 따라 하는 가게들이 너무 많다. 봉구비어로 시작된 스몰비어 열풍이 불었을 때 봉자비어, 봉쥬비어, 춘자싸롱, 영희비어, 춘자비어 등

단기간에 70개에 달하는 베끼기 프랜차이즈가 생겼다. 결과는 수천 개의 스몰비어 가게들의 폐업이었다. 곧 사그라질 유행에 편승해 고민 없이 쉽게 창업한 탓이다. 요즘은 1,500원 저가 생맥주가 유행인데 결과는 안 봐도 뻔해 보인다.

우리나라의 자영업자 비중이 높은 이유는 고용 시장에 밀려난 사람들의 생계 수단이자 창업에 대한 진입장벽이 낮기 때문이다. 마음만 먹으면 1주일 만에 가게를 열 수 있을 정도로 행정 절차가 간소화되어 있고, 정부를 포함해 사회 전반에서 창업을 적극적으로 독려하는 영향도 있다.

망한 가게에 며칠 지나지 않아 새로운 가게가 들어오는 걸 보면, 창업을 준비하는 사람들한테는 자영업이 어렵다는 게 와닿지 않는 것 같다. 보고 싶은 것만 보고 듣고 싶은 것만 들은 나머지 성공한 가게들만 접해서 그런 걸까. 성공 이면에는 사라진 수많은 가게가 있다는 사실은 못 보고 지나치기에 십상이다. 마치 옛날 사람들이 지금의 도시 사람들보다 병에 잘 안 걸리고 건강하다고 생각하는 것과 비슷해 보인다. 옛날에는 아이들 열 명 중에 두세 명은 유년기를 넘기지 못했고 결국 강한 아이들만 살아남아 어른이 되었다. 오죽하면 아이가 돌을 넘긴 걸 축하하는 돌잔치가 있었을까. 아파도 제대로 된 약은커녕 견디고 참다가 허약한 아이들은 모두 죽고 강한 아이들이 살아남았다. 지금 도시의 젊은 사람들은 살아남은 어른들을 보면서 '옛날 사람들은 아프지도 않고 건강하다'라고 생각하는 것이다. 죽은 아이를 가슴에 묻고 새까맣게 타들어 간 어미 마음은 남들에게는 보이지 않는다. 장사를 하겠다면서 그 자리에서 망한 가게들은 대수롭지 않게 생각하는 것처럼 말이다.

이 순간에도 자영업자의 대출 규모는 눈덩이처럼 불어나고 있다. 2024년 3분기 전체 자영업자의 대출 규모는 1,064조 4,000억 원으로 추산됐다. 자영업자 대출 통계를 집계한 2012년 이후 최대 기록이라고 한다. 자영업자 한 명당 빚이 2억 원 가까이 되는 것이다. 경쟁이 심해지고 매출이 낮아지니 대출로 연명하는 것이다.

이제까지의 정부의 자영업 대책은 주로 적대시할 만한 타깃을 정해서 규제를 하는 식이었다. 카드사를 겨냥해 수수료율을 낮추고, 은행을 겨냥해 대출 이자를 낮추고, 대형마트를 겨냥해 의무 휴업일을 정하는 방식이다. 물론 이런 규제들도 필요하지만, 이런 규제들로는 가장 중요한 자영업자 생존율을 담보할 수 없다. 결국 자영업자의 경쟁은 낮추고 매출을 늘려주는 대책이 필요하다.

첫째는 새로 자영업에 진입하는 숫자를 줄여야 한다. 자영업에 진입하는 주된 이유는 낮은 임금과 불안정한 일자리이다. 임금 노동자가 자영업 시장으로 뛰어들지 않아도 생계를 이어갈 수 있어야 한다. 자영업 비율이 30%를 넘는 나라는 대부분 관광 산업 위주의 나라인데, 제조업 중심인 우리나라에서 자영업 비율이 높은 이유는 임금 노동자에 대한 처우가 좋지 않기 때문이다. 근로 조건이 열악한 곳에서 일하는 사람들은 더 나은 환경과 높은 급여를 원하기 마련이다.

최근 뉴스를 보면서 황당했던 적이 있다. 국내 조선업의 인력난에 관한 내용이었는데 긴 불황의 터널을 지난 조선업계에는 수주 물량이 넘친다고 한다. 앞으로 3년 치의 일감이 쌓여 있을 정도로 호황이라고 하는데 정작 일하려고 하는 사람이 부족해 외국 인력을 투입해야 하는 실정이라고 한다. 그러면서 조선소 노동자의 임금이 보도됐는데 기본급 216만 원에 시간 외 수당 144만 원, 연차 수당 17만 원 정도에 세금을 제외한 실수령액이 330만 원이라고 했다. 시간 외 수당과 연차 수당을 제외하면 200만 원대 초반인 셈이다. 업무 강도를 볼 때 너무 박해 보였다. 이러니 과연 누가 임금 노동자를 지속하려고 할까.

둘째는 기존 자영업자가 임금 노동자로 편입할 수 있도록 해야 한다는 것이다. 이제 단순한 지원금 지급으로는 자영업자들의 생존을 보장할 수 없는 환경이 되었다. 자영업자들을 노동 시장으로 자연스럽게 편입해 안정적인 경제적 기반을 마련할 수 있도록 해야 한다. 정부는 새출발 희망 프로젝트를 통해 폐업 소상공인의 대출금 일시 상환 유예를 준비 중이며 점포 철거비 지원과 재취업 지원 프로그램을 제공하고 있다. 추가로 직업 훈련을 위한 지원도 대폭 확대되었으면 좋겠다. 구직자를 대상으로 직업 훈련 비용과 훈련 기간의 식비와 교통비를 지원하는 내일배움카드는 자영업자도 신청할 수 있는데 매출의 제한을 완화하고 혜택을 확대했으면 좋겠다.

2020년 12월 벼룩시장이 직장인 2,013명을 대상으로 '창업과 관련한 설문조사'를 실시한 결과, 응답자 70.1%가 '향후 창업에 도전할 의향이 있다'고 답했다.

창업을 희망하는 이유로는 △퇴직 걱정 없이 평생 일할 수 있어서(24.5%) △직장생활을 하는 것보다 큰돈을 벌 수 있을 것 같아서(24%) △자유롭고 여유롭게 일하고 싶어서(15.8%) △성취감·만족감 등을 느끼고 싶어서(13.0%) △코로나로 인해 직장생활이 불안정해져서(10.8%) 등의 순이었다. 또 창업을 할 경우 기대하는 월 순수익은 '300~500만원(40.1%)'이 가장 많았다.

희망 업종으로는 △온라인쇼핑몰(20.2%) △카페·치킨집 등 프랜차이즈(19.9%) △음식점·푸드트럭 등 외식업(18.2%) △오프라인 소매 판매업(8.6%) △편의점(5.6%) 등의 순이었다.

우삼겹 밑장 빼기

 우리 가게에서 가장 잘나가는 메뉴인 산더미 우삼겹 마라탕에는 대패 삼겹살처럼 얇게 썬 우삼겹을 사용한다. 솔직하게 말하면 내가 만든 메뉴가 아니라 어느 프랜차이즈 술집의 메뉴를 그대로 따라 한 것이다. 거래처에서 납품받는 우삼겹은 1킬로그램씩 포장되어 있는데, 마라탕이 꽤 인기가 있어서 매달 10킬로그램 정도는 사용한다.

 어느 날엔가 문득 대패처럼 얇은 우삼겹 한 줄의 무게가 궁금해 저울에 달아봤다. 그리고 1킬로그램 단위로 포장된 우삼겹 한 덩어리를 올려봤다. 그런데 1킬로그램이어야 할 고기 무게가 960그램인 게 아닌가. 혹시 저울이 고장 났나 싶어 다른 식자재를 올려봤는데 저울은 정확했다.

다음 날 나는 거래처에 전화해 우삼겹 무게가 1킬로그램보다 덜 나간다고 차분히 말했다. 그런데 거래처에서는 오차는 있을 수 있고 오히려 몇 그램이 더 들어간 것도 있을 수 있다고 대답했다. 이해할 수 있는 일이라고 생각하는 듯했다. 나는 생각지도 못했던 거래처의 답변에 당황해 웃으며 알겠다고 하고는 전화를 끊었다. 1킬로그램 단위로 포장된 제품인데도 오차가 있을 수 있다고 말하니 나는 당최 이해되지 않았다. 한 마리씩 파는 닭이나 생선 같은 생물이라면 무게가 조금씩 차이가 날 수도 있겠지만 이건 정해진 무게에 맞춰 포장된 제품인데 그러면 안 된다는 생각이 들었다.

좋게 생각하려고도 해봤지만 아무리 생각해도 황당했다. 고기 대금을 결제할 때 몇만 원 덜 입금하면서 가끔 몇만 원 더 입금할 때도 있으니 이해해 달라고 하면 이해할 수 있을까. 어떻게 그런 창의적인 답변을 할 수 있는 걸까. 나머지 고기들도 무게를 재보니 1킬로그램인 것들이 대부분이었지만 10~30그램 정도 모자란 것들도 더러 있었다. 우삼겹 한 줄이 20그램 정도이니 한 묶음에서 한두 줄 빠진 셈이다. 물론 무게가 조금 더 나가는 것도 하나 있었지만 다른 것들의 무게가 덜 나간다는 사실에 대한 변명이 될 수는 없었다.

"밑장 빼기여? 구라 치다 걸리면 피 보는 거 안 배웠냐." 영화 〈타짜〉에서 아귀에게 눈속임을 들킨 고광렬은 결국 피를 보게 된다. 〈타짜〉의 교훈에 따라 나도 고기를 납품하는 업체를 바꾸기로 했다. 무게를 다는 계근과 양을 헤아리는 계량이 필요한 거래는 서로에 대한 믿음이 없으면 오래갈 수 없다고 생각한다.

우리 부모님이 고깃집을 했었기 때문에 잘 안다. 약속한 것보다 더 주면 몰라도 덜 주면 가장 빨리 아는 사람은 손님이다. 마치 한순간의 실수인 것처럼 얼렁뚱땅 넘기려 하면 안 된다. 실수로 믿음이 깨지는 것이 아니다. 믿음은 실수가 아니라 한쪽의 잘못으로 깨진다. 이런 일을 겪고 나니 눈앞의 이익에 믿음을 저버리는 사람이 생각보다 많을 수 있겠다는 생각이 들었다.

나는 음식의 양을 푸짐하게 주려고 하는 편이다. 그래

서 안주가 나오면 놀라는 학생도 많다. 사실 그래봤자 재료비는 생각만큼 차이가 크지 않다. 예상했던 것보다 푸짐하면 학생들이 우리 가게를 더 잘 기억하지 않을까 하는 기대도 있다. 가끔은 학생들의 반응에 내가 마치 깜짝 선물이라도 한 것처럼 기분이 좋다.

자영업자들 사이에서 전해지는 유명한 이야기가 있다. 어느 고깃집에서 일하던 아르바이트생이 사장이 너무 싫은 나머지 가게를 망하게 하려고 손님이 고기 2인분을 주문하면 3인분을 주고, 5장씩 줘야 할 상추나 깻잎을 10장씩 푸짐하게 줬다. 한술 더 떠 손님이 된장찌개나 계란찜을 주문하면 서비스라면서 그냥 줘버렸다. 그런데 그 가게는 망하기는커녕 입소문을 타고 점점 잘되었다는 내용이다. 이 이야기의 교훈은 손님에게 넉넉하게 주는 게 당장은 손해 같아도 장사가 잘돼서 손님이 많이 오면 이익이라는 걸 거다.

장사하다 보니 비슷한 일이 더러 있었다. 우리나라 주류 유통은 하이트진로 롯데주류 같은 주류 회사들, 그곳에서 주류를 받아 나 같은 동네 식당에 납품하는 주류업체들이 한다. 수많은 주류업체 중에서 나는 가격이 적당하고 거리가 가까운 주류업체와 계약했다. 거리가 가까워야 주문한 주류가 누락되거나 갑자기 필요한 주류가 있을 때 대처할 수 있기 때문이다.

주류업체는 배송할 때마다 그날 어떤 술을 몇 짝 가져왔고 공병과 박스를 얼마나 가져갔는지 내역이 적힌 영수증을 남기고 간다. 나는 영수증을 모았다가 매달 말일에 전기료, 수도료, 인건비, 식자재 비용과 같은 비용들을 합해 손익계산 장부를 쓴다. 그런데 어느 달에는 계산해 보니 주류 대금이 조금 더 나온 게 아닌가. 팔린 술과 금액을 맞추는데 아무리 해도 맞지 않았다. 영수증을 살펴보니 어느 날부터 주류 가격이 원래 계약했던 것보다 200원씩 비싸게 들어오고 있었다.

200원이라고 하면 작아 보일 수도 있겠지만 우리 가게에서 한 달에 소주 맥주를 합해 3,000병 정도 팔리는 걸 생각하면 60만 원이나 돈을 더 내고 있던 것이다. 처음에는 당황스러웠는데 시간이 지나면서 점점 화가 났다. 주류 영수증은 잘 안 보는 경우가 많으니 업체에서 의도적으로 그런 게 아닐까 하는 의심도 들었다.

장부를 쓰던 때가 새벽이어서 나는 주류업체 담당자에게 술이 계약했던 것보다 비싸게 들어오고 있다고 문자를 보냈다. 다음 날 점심 때쯤 일어나니 주류업체 부사장에게서 문자와 부재중 전화가 와 있었다. 나는 자초지종을 듣기 위해 전화를 걸었고, 주류업체 부사장은 가게 문 여는 시간에 맞춰서 찾아오겠다고 했다. 전화로 설명해도 될 일을 굳이 시간을 내서 온다는 게 썩 반갑지는 않았다. 기분이 안 좋았던 터라 더 그랬다.

주류업체 부사장은 담당자가 바뀌면서 일어난 실수라고 진심으로 사과했다. 만나기 전까진 속아왔다는 생각에 기분이 좋지 않았으나 막상 직접 찾아와 자초지종을 설명하니 그럴 수도 있겠다는 생각이 들었다. 또 자기 실수도 아닌데 여기까지 와서 사과하는 그의 입장은 얼마나 난처할까 싶은 생각도 들었다.

신뢰는 사회에서 협력을 가능하게 하는 기본 조건이다. 신뢰의 가장 작은 단위인 개인 간의 약속을 가볍게 생각하는 사람들이 있다. 하지만 가장 작은 단위일지라도 신뢰가 사라지면 사회 제도가 요구하는 모든 의무는 효력이 사라지고 결국 공동체의 기본적인 삶 자체가 흔

들리게 된다고 생각한다. 뉴스에서도 여러 사회 문제를 보도할 때 문제의 원인으로 신뢰를 상실에서 찾는 건 모두 이런 이유일 것이다.

신뢰가 깨지면 바로잡고 사과를 하는 게 당연하지만 적절한 때와 방법을 찾지 못하는 사람도 있다. 더구나 목소리가 큰 사람이 이기는 거라는 식으로 나오는 사람도 있다. 여기서 중요한 것은 사과를 하지 않아서 잃는 것이 많다는 것이다. 나도 상대에 대한 신뢰가 사라진 상태에서 자초지종을 듣고 사과를 받았기에 이해할 수 있었던 거지 그러지 못했다면, 결국 다른 업체로 바꾸지 않았을까.

장사를 시작하면 아무리 작은 가게라도 사장으로서 약속을 주고받는 일이 많아진다. 거래처와의 약속처럼 겉으로 드러나는 것도 있지만 가게를 찾는 손님과도 보이지 않는 약속이 생긴다. 메뉴판 사진과 실제 음식이 다르거나 네이버 지도에 나온 가격과 실제 가격이 다를 때, 실수나 고의로 계산을 잘못할 때가 바로 손님과의 신뢰가 깨지는 순간이다. 그래서 나는 신뢰를 깨지 않기 위해 신경을 많이 쓴다. 단골 한 명을 만드는 데는 수개월이 걸리지만 손님 한 명 잃는 데에는 단 몇 초면 충분하다. 장사가 살얼음판을 걷는 것과 같다는 생각을 하곤 한다. 그래서 장사가 참 어렵다.

독일 대감댁 소작농

 우리 가게 앞에 있는 대학교의 시험 기간이라 부진한 매출로 고통받고 있을 때였다. 아무리 시험 기간에 술을 마시는 게 유별난 일이라 해도 이건 좀 심했다 할 정도였다. 내 경험에 미루어 볼 때 시험 기간에는 유독 술이 당기는 게 당연한 일이지만 안타깝게도 요즘 학생들은 내가 학교에 다닐 때보다 공부를 더 열심히 한다. 그러니 시험 기간에 가게 매출은 평소의 10분의 1 수준도 안 된다. 시험 기간의 매출 부진은 봄, 여름, 가을, 겨울처럼 매년, 매 학기 반복되는 일이기 때문에 어떻게든 떨어진 매출을 메꿀 방법이 필요했다.

 마냥 가게에 앉아서 오지도 않을 손님을 기다릴 순 없

었다. 술을 안 마신다면 밥집이라도 할까 하는 생각에 저녁 식사 메뉴를 고민하기도 했다. 아니면 적긴 해도 술을 마시는 학생들이 있으니 시험 기간에 한해 이벤트라도 해볼까. 아니면 안주 가격을 낮춰볼까. 나는 점점 가라앉는 매출 부진의 난파선을 탈출하기 위해서 발버둥 치고 있었다. 그러다 다른 자영업자들의 조언을 받기 위해 자영업자 카페에 글을 올렸다. 카페에서 활동하는 자영업자들은 자기 일처럼 관심을 두고 조언해 주었는데 대부분 배달 전문 메뉴를 만들거나 배달 프랜차이즈 업체를 통해서 숍인숍을 하라는 의견이었다. 숍인숍(shop in shop)은 말 그대로 매장 안의 매장이라는 뜻으로 한 매장에서 다른 상호로 장사를 하는 것이다. 예를 들어 족발을 파는 가게에서 배달 플랫폼에 치킨 브랜드를 등록해 치킨 배달 장사를 하는 식이다.

고민 끝에 나는 숍인숍을 하기로 결정했다. 가게에 앉아 휴대폰이나 들여다보는 시간에 뭐라도 해서 월세라도 벌면 손해 볼 건 없기 때문이다. 나는 곧바로 배달 장사를 할 만한 아이템을 찾기 시작했다. 한참을 숍인숍 아이템을 검색하는데 갑자기 타코야끼가 내 눈에 들어왔다. 숍인숍 업체에서 올린 설명을 읽어보니 타코야끼는 반죽 상태에서 조리하는 방식이 아니라 반조리 상태로 배송받은 타코야끼를 조리한 다음에 소스와 토핑을 올리는 방식이었다.

업체에 연락해 시제품을 받아서 조리를 해봤다. 반신반의하는 마음으로 먹어봤더니 예상했던 것보다 맛있었다. 타코야끼는 원가도 낮고 소스와 토핑을 바꾸면 쉽게 메뉴를 다양화할 수 있으니 많은 재료가 필요하지 않아서 매력적이었다. 우리가 흔히 아는 맛인 기본 타코야끼부터 명란마요, 매콤한 맛, 트러플마요, 치즈, 갈릭, 불닭 맛까지 소스만 있다면 다양하게 만들 수 있었다. 무엇보다 우리 가게는 새벽 3시까지 장사를 하기 때문에 그 시간까지 타코야끼를 같이 팔면 주변의 원룸이나 기숙사에 있는 학생들이 야식을 찾을 때 부담 없이 먹을 만한 메뉴였다.

본격적으로 타코야끼를 판매하기 전에 나는 우리 가게의 단골들에게 서비스로 주며 일종의 품평회를 했다. 손님들의 반응은 대체로 좋았다. 몇 가지 메뉴에서는 혹평도 있었으나 나의 조리 미숙 때문이어서 계속 연습하면 해결할 수 있었다. 타코야끼는 치킨이나 피자와는 달리 가격이 저렴했기 때문에 주문당 단가를 높이기 위해서 에이드 음료와 가게에서 파는 튀김들을 포함해 세트 메뉴도 만들었다. 정말 이래도 되나 싶을 정도로 희한하게 모든 과정이 순조로웠다.

2024년 4월 8일
타코야끼 배달 장사를 시작한다. 만들기도 쉬웠고 맛도 생각했던 것보다 훌륭했다. 반죽 물을 붓고 만드는 수제와 비교할 수는 없지만 정말 괜찮았다. 메뉴의 다양함을 위해 소스들을 찾고 있다. 왠지 느낌이 좋다.

타코야끼 배달 장사를 시작하고 초반에는 예상보다 결과가 좋았다. 하루 매출이 10만 원만 나와도 만족할 것이라고 생각했으나 실제로 하루 매출은 30만 원 정도였다. 재료비와 포장 부자재 그리고 배달료를 뺀 순수익은 30% 정도여서 하루에 10만 원 정도 번 셈이었다. 장사가 안되는 시험 기간에 가게 문을 열고 가게에 혼자 앉아 멍하니 있다가 집에 가는 것보다 훌륭했다. 애초에 숍인숍 배달 장사로 월세 정도 건지면 좋다고 생각했는데 기대 이상의 매출에 나는 마음속으로 공중제비를 돌고 있었다.

 그런데 내가 배달을 시작하고 며칠이 지났을 때 공교롭게도 배달의민족은 배달 시스템을 바꾸겠다고 선언하더니 새로운 정책을 발표했다. 배달의민족은 '배민1', 기존의 가게에서 배달 라이더를 통해 배달하는 방식이 아닌 배달의민족에 소속된 기사들이 배달하는 방식을 도입했다. 동시에 배달의민족은 배달료 무료를 선언했다. 배민1은 뭐고 배달료 무료는 도대체 뭘까 혼란스러웠다. 나는 '사람들 헷갈리게 배민 뒤에 숫자 1을 붙이지 말고 아예 다른 이름을 만들지'라고 투덜거리며 뭐가 바뀌는 건지 알아봤다.

 기존의 배달의민족은 깃발이라고 하는 광고 상품을 통해 운영되었다. 가게에서 깃발 하나당 매달 8만 8,000원을 지불하고 지도에 깃발을 꽂으면 깃발 인근의 이용자에게 가게가 보이는 방식이다. 더 광범위한 지역에 우리 가게가 보이고 더 많은 매출을 올리고 싶으면 여러 개의 깃발을 꽂고 비용을 더 내는 식이다.

 예를 들어 깃발은 우리 가게가 있는 위치에 꽂을 수도

있지만 8만 8,000원을 더 내면 우리 가게에서 500m 떨어진 곳에 하나 더 꽂을 수도 있다. 깃발 숫자는 제한이 없었기 때문에 규모가 있는 배달 전문 가게에서는 10개까지 깃발을 꽂기도 했다. 그렇게 되면 가게 근처에 사는 배달의민족 앱 이용자는 물론이고 조금 거리가 있는 이용자에게도 가게가 노출되는 방식이다. 배민에 입점한 자영업자들은 깃발 하나에 8만 8,000원만 내면 다른 수수료 없이 장사를 할 수 있었다.

새로운 방식인 배민1에서는 기존의 깃발이 없다고 했다. 대신에 주문이 들어올 때마다 음식 가격의 일정 부분을 배달의민족에서 중개 수수료로 가져간다고 했다. 고객에게 음식을 배달하는 방식도 바뀌었다. 기존에는 자영업자들이 바로GO 같은 배달대행업체와 직접 계약을 한 다음에 가게에 주문이 들어오면 배달 기사들을 불러 음식을 배달하는 방식이었다. 그런데 이제는 배달의민족이 직접 배달 기사들을 불러주겠다고 했다. 여기까지는 큰 문제가 없는 것처럼 보였다.

하지만 배달의민족이 무료 배달을 선언하면서 문제가 생기기 시작했다. 무료 배달을 한다고 하니 배달의민족에서 배달료를 부담하는 것으로 아는 손님들이 많았지만 실상은 달랐다. 배달의민족에 입점한 자영업자들이 배달료를 부담하는 방식으로 바뀌었다. 자영업자들에게 청구되는 배달료는 지역마다 다른데 2,500~3,300원 사이였다. 기존에는 자영업자들이 음식의 배달료를 정하고 손님과 가게가 얼마씩 부담할지 나눌 수 있었지만 배민1에서는 모두 자영업자가 부담하도록 바뀐 것이다.

배달의민족에 소속된 배달 기사들도 문제였다. 배달 기사의 숫자가 너무 적어서 주문이 들어와도 배달 기사 배차가 되지 않는 경우가 많았다. 가게 사장 입장에서는 주문이 들어와도 손님에게 배달할 수 없으니 답답해서 미칠 노릇이었다. 이럴 때 '생각대로'나 '바로GO' 같은 배달 대행 업체를 통해 배달하고 싶어도 배달의민족은 이를 허락하지 않았다. 결국 음식이 출발도 안 한 것을 보고 기다리다 지친 고객들이 주문을 취소하는 경우가 빈번했다.

또 다른 문제는 비가 오거나 눈이 오면 가게가 노출되는 반경을 배달의민족에서 강제적이고 자의적으로 줄

여버리는 것이었다. 전에는 앱에 들어가면 3~4km 멀리서도 보이던 가게가 반경 200m 안에 있는 사람들에게만 보인다면 매출 하락은 불 보듯 뻔했다.

배달의민족 시스템이 바뀐 이후 자영업자가 얻는 수입에도 큰 변화가 생겼다. 최종적으로 고객이 2만 원을 주문하면, 배달의민족 결제 대행 수수료 3.3%(660원)와 배달의민족 중개 수수료 9.8%(1,960원)와 배달료 2,900원을 제외한 14,480원이 입금되었다. 여기에 배달의민족은 '우리 가게 클릭' 광고를 도입해 클릭당 최대 600원의 비용을 가져갔다. 여기서 중요한 건 주문당이 아니라 클릭당이라는 것이다. 고객이 주문하든 안 하든 상관없이 우리 가게를 누르면 돈이 빠져나가는 것이다. 여기서 끝이 아니다. 우리 가게 클릭 광고를 통해서 고객이 주문하면 또 매출의 6.8%를 수수료로 가져갔다. 최종적으로 2만 원을 팔아도 1,000원 정도가 남게 되었다. 순이익이 5% 남짓이다. 전에는 없던 수수료들이었다.

타코야끼는 특성상 대부분 메뉴 가격이 낮다 보니 최소주문 금액인 1만 2,000원 정도의 주문이 대부분이다. 주문당 단가가 낮아질수록 남는 것, 결국 내가 가져가는 건 매출의 5% 수준으로 떨어졌다. 결과적으로 500만 원 가까운 매출을 올렸으나, 포장지를 비롯해 재룟값 등을 따져 계산했을 때 순이익은 20만 원 수준이었다.

배달의민족은 여기서 멈추지 않고 앱 화면에서 음식배달(배민1, 배달의민족 소속 라이더가 배달하고 배달료 전액 자영업자 부담)과 가게배달(자영업자가 배달대행업체를 통해 배달하고 배달료 부담은 자율적으로 정할 수 있음)을 나누었다. 배달의민족은 앱 안에서 '음식배달'을 눈에 띄게 배치해 기존의 가게배달로 주문이 덜 가도록 했다. 배민1을 이용하도록 유도한다는 원성을 샀지만 배달의민족 측은 오해라고 해명했다. 누가 봐도 의도적인 배치였지만 바뀌는 건 없었다. 배민1 방식이 음식배달이라면 가게배달은 도대체 뭘까. 배달의민족의 말장난에 자영업자는 속수무책으로 당할 수밖에 없었다. 우롱당하는 느낌이었다.

그제야 나는 내 신분을 깨달았다. 나는 배달의민족의 나라에서 일하는 소작농일 뿐이었다. 분명 처음에는 내가 사장이고 가게의 주인인 줄 알았다. 그런데 배달의민족은 먼저 배달료를 누가 어떻게 지불할지에 대한 자율권을 자영업자에게서 뺏어갔다. 그리고 이제는 자영업자들이 수익을 가져갈 수 있었던 기존의 방식은 고객의 눈에 띄지 않게 배치하고 배달의민족의 매출과 이익 중심으로 설계된 배민1로만 주문이 들어오도록 유도했다. 결국 나는 열심히 일해서 간신히 허기만 면하고 배달의민족 매출만 올려주는 셈이었다.

이렇게 모인 수수료로 배달의민족은 2024년에 역대 최대 매출과 순이익을 달성하게 되었다. 이미 독일 '딜리버리히어로'의 회사가 된 배달의민족은 역대 최대의 성과를 달성한 결과 독일로 배당금 4,000억 원을 보냈다. 나 같은 소작농들이 열심히 일해서 독일에 계신 주인님의 주머니가 두둑해졌다니 감격하기 그지없었다.

배달을 전문적으로 하는 가게 중에는 매장이라는 공간의 제약이 없어 주문만 꾸준히 들어온다면 한 달에 억대 매출을 올리는 곳도 있다. 상위 1% 정도가 그럴 텐데, 배민1이 등장한 다음부터는 상위 1%의 가게일지라도 순이익이 채 500만 원을 넘지 않게 되었다.

크기는 커도 속이 비어 있는 공갈빵처럼, 매출은 높은데 남는 게 없는 공갈 매출이다. 이런 대박집 사장님은 예전부터 꾸준하게 마케팅하고 노력한 끝에 상위 1%의 억대 매출을 달성했을 것이다. 그런데 몸을 갈아 넣는 고된 노동의 결과로 상위 1%의 매출을 올리고도 500만 원 정도만 남기게 되었으니 얼마나 황당할까.

자영업자들은 배달 매장은 이제 끝이라며 한숨을 쉬었다. 배달의민족이 자신들의 수익성을 높이기 위해 도입한 시스템에 버티지 못한 자영업자들은 권리금을 포기하고서라도 폐업하기 시작했다. 오늘도 점포를 매매하는 인터넷 사이트에는 하루에도 수십 개의 배달 전문 가게가 매물로 올라오고 있다.

이런 문제들이 일어나고 있는데도 윤석열 정부는 플랫폼 기업의 여러 문제에 대해 자율규제 입장을 고수했다. 나는 정치를 잘 모르는 평범한 자영업자지만, 분명 플랫폼 기업의 횡포로 인해 현실에서 문제가 발생하고 있는데도 윤석열 정부는 처음부터 끝까지 무능하고 무책임했다.

플랫폼 기업은 끊임없이 더 매출이 많이 남는 방향, 즉 입점 업체들의 순익은 더 낮아지는 방향으로 서비스

방식을 수정하고 있다. 과거 문재인 정부 시절에도 배달의민족은 지금의 배민1처럼 정률형 수수료(매출당 정해진 %로 수수료를 부과)를 도입하려 시도했으나 자영업자들의 큰 반발에 부딪혀 도입하지 못했다.

그러나 정권이 바뀌고, 새로 출범한 윤석열 정부의 기조가 플랫폼 기업에게 자유로운 운영을 담보하고 방임하는 관리의 방식으로 바뀌자마자 배달의민족은 배민1을 만들어 정률형 수수료를 너무나 쉽게 도입했다. 수많은 자영업자, 소상공인의 반발 따위는 신경 쓰지 않는 모습이었다.

결국 나는 배달의민족과의 입점 계약을 해지했다. 동시에 숍인숍 매장으로 타코야끼를 팔지 않기로 했다. 배달의민족에 클릭당 광고비를 지불하지 않으면 주문이 없었고, 광고비를 지불하면 남는 돈이 없었다. 매출은 크게 올랐으나 모두 의미 없는 거품이었다. 수백만 원의 매출을 올리고도 실제로 가져가는 이익은 거의 없었다.

열심히 타코야끼를 만들어 500만 원을 팔고 나면 재

료비 등을 빼고 20만 원 정도가 남았다. 나는 더 이상 배달의민족을 통해 장사하고 싶은 마음이 들지 않았다. 내가 열심히 할수록 결국 배달의민족의 배만 불려주는 일이었다. 이럴 거면 안 하는 게 나았다.

나는 오프라인 매장의 홀 장사가 위주였기 때문에 쉽게 배달 장사를 그만둘 수 있었다. 하지만 배달 전문 가게를 운영하는 사장님들과 홀 장사를 하면서도 배달 매출이 상당한 자영업자들은 배달의민족이 아무리 높은 수수료를 가져가도 쉽게 해지할 수 없을 것이다.

배달의민족은 굶을 것인지 아니면 그나마 허기라도 달랠 것인지를 두고 선택은 자유라고 속삭이는 듯했다. 이런 상황이지만 많은 배달 가게 사장님들은 아무리 분하고 억울해도 배달의민족을 해지할 수 없는 게 현실이다. 나는 정부가 본연의 역할을 저버릴 때 사적인 이익을 추구하는 기업이 얼마나 난폭해지는지 똑똑히 확인했다.

정부와 국가는 어떻게 시작되었을까. 개인의 재산과 생명이 위협받는 야만의 상태에서 재산과 생명을 지키기 위해 사람들은 법과 제도를 만들고 가상의 계약을 통해 국가를 만들었다는 이론에 따르면 국가는 상대방을 무자비하게 약탈하는 야만의 시대를 벗어나 문명사회를 만들어야 할 의무가 있다. 그런데 윤석열 정부는 선출된 공직자로서 주어진 임무가 무엇인지 망각하고 우리 사회를 다시 약자들이 강자에게 잡아먹히고 착취당하는 야만의 시대로 향하도록 방치하고 있다.

현재 많은 자영업자는 플랫폼 기업의 극단적인 이윤 추구를 자유라는 미명으로 방치한 정부로 인해 죽느냐 사느냐 생존의 위기에 빠지게 되었다. 결국 기업의 이윤 추구는 다른 사람의 기본적 권리를 침해하는 수준에 이르기까지 허용해서는 안 된다는 것, 그리고 공직자들의 가치와 판단 그리고 결정이 평범한 삶을 살아가는 사람들에게 얼마나 큰 영향을 끼치는지 자영업자들은 뼈저리게 느끼게 되었다.

기울어진 운동장에서 제대로 된 무기 하나 없는 한 사람 한 사람이 도대체 뭘 할 수 있을까 자책하고 체념에 빠져 있을 수만은 없다. 되돌아간 야만의 시대를 다시 정상적인 사회의 모습으로 되돌렸던 것은 언제나 깨어 있는 시민들의 조직된 힘이었다. 아직은 미미한 규모이지만 자영업자들도 플랫폼 기업의 횡포에 맞서 뭉치기 시작했다. 자영업자는 서로 연대하지 않는다는 편견이 있던 나의 생각도 바뀌었다. 희망이 보이기 시작했다. 더 단단하게 뭉쳐서 더 뜨겁게 맞서기를 응원하면서 도우려고 한다.

· · · ·
잔인한 약탈자
배 · 쿠 · 요

  시험 기간이나 방학처럼 매출이 주기적으로 떨어지는 동안에 월세라도 벌어보고자 시작했던 배달 장사였다. 처음에는 기대 이상으로 나오는 매출이 열심히 준비한 데 대한 보상인 것 같아 기뻤다. 그러다 한창 잘되던 배달 장사를 그만두면서 모든 게 수포가 되었다. 맛이 없다거나 준비가 부족했다거나 하는 나의 잘못으로 그만둔 거라면 억울하지 않았을 것이다. 장사가 안되는 것도 아닌데 아무리 일해도 남는 게 없었다. 뭔가 단단히 잘못된 거 아닌가 생각이 들 때 온라인 커뮤니티의 다른 자영업자들도 비명을 지르고 있었다.

  처음에 배달 플랫폼들은 서로 자기네 플랫폼에 입점

하도록 온갖 혜택과 쿠폰으로 자영업자들을 꼬드겼다. 쿠팡이츠에만 입점해 있는 가게에는 배달의민족과 요기요에서 자기네 플랫폼에도 입점을 요청하며 여러 혜택을 주겠다고 했다. 마치 입주를 앞두고 비어 있는 상가를 채우듯 플랫폼 기업들은 자영업자 모시기에 적극적이었다.

그러나 정작 입점하고 난 다음에는 태도가 달라졌다. 운영 규정이라면서 다른 플랫폼과 음식 가격을 동일하게 할 것을 요구하며 그렇게 하지 않으면 쿠팡이츠의 '와우 혜택', 배달의민족의 '배민 클럽'에서 제외될 거라고 했다. 플랫폼마다 수수료가 다르니 메뉴의 가격을 일률적으로 정할 수 없다고 항변해도 소용이 없었다. 쿠팡이츠의 와우 혜택과 배달의민족의 배민 클럽에서 제외된다는 것은 더 이상 손님들에게 노출이 되지 않거나 노출 순위에서 밀리게 되어 주문이 들어오지 않게 된다는 걸 의미하기 때문에 자영업자들은 울며 겨자 먹기로 플랫폼의 요구를 들어줄 수밖에 없었다.

한발 더 나아가 배달의민족은 수수료를 점점 올렸고, 자영업자들이 고객에게 배달료를 얼마나 받을지 결정할 권한도 빼앗아 갔다. 플랫폼 기업들은 원래 내 것이었던 것을 가져가려고 서로 작당모의 하는 것 같았다. 제국주의 시절 서로 다투어 한 뼘이라도 식민지를 넓히고 수탈하려 혈안이 된 약탈자가 이런 모습이었을까. 구한말 조선의 광산과 항구 그리고 철도와 토지를 가지고 서로 자기가 가지겠다는 열강들이 따로 없었다.

영향력이 커진 배달 플랫폼이 주도하는 자영업 생태계는 하루가 다르게 바뀌어 갔다. 지금까지 장사의 성공과 실패를 좌우하는 것은 맛과 입지, 마케팅 등이었다. 그러나 플랫폼 기업의 힘이 강해지면서 이제는 플랫폼 기업에 지불하는 돈이 매출을 결정하는 데 가장 중요한 요소가 되었다. 맛과 입지, 마케팅 같은 것들은 그다음 순위로 밀려났다. 플랫폼 기업에 광고비를 상납하지 않으면 내 가게가 배달 앱 이용자에게 보이지 않으니 아무리 맛이 있어도 고객들은 우리 가게에서 주문할 수 없게 된 것이다.

괘씸했다. 처음에는 낮은 수수료와 적은 비용으로 입점해 장사를 시작하라고 유혹하더니 사람들이 배달 플랫폼에 길든 다음에는 수수료를 올리고 배달료를 자영업자에게 전가하고 이전보다 효율은 낮고 돈은 많이 드는 광고 시스템을 도입했다.

수수료 문제가 사회적으로 이슈가 되자 배달의민족은 가게 점주들을 대상으로 차등적 중개 수수료를 적용하는 상생 요금제를 도입했다. 기존 9.8%의 단일 수수료 대신에 매출에 따라 중개 수수료와 배달비를 달리 적용하겠다는 내용이었다. 그런데 최근 석 달 동안 단 하루라도 배민 앱을 이용한 자영업자들을 모두 매출 집계 대상에 넣어 결국 하루에 10만 원도 팔지 못하는 가게에도 최고 수수료율을 적용했다. 배민에 입점했으나 운영하지 않는 소위 '유령 가게'까지 포함한 것이다.

요즘 배달의민족과 쿠팡이츠 그리고 요기요가 대치하는 모습들이 뉴스에 보도된다. 플랫폼 기업의 정책으로 인한 자영업자의 어려움에 대해 서로 남 탓을 하는 식이다. 무료 배달과 최혜 대우 요구(다른 플랫폼과 가격을 동일하게 해달라는 것)를 누가 먼저 시작했는지 따지고, 자기 업체는 다른 업체들에 대응했을 뿐이라는 변명을 듣자면 기가 찰 뿐이다. 이 모든 게 약속 대련이 아닐까 의심이 들 정도이다. 무료 배달로 시작한 플랫폼 기업들의

점유율 전쟁에서는 모두가 승자이기 때문이다. 무료 배달을 통해서 배달 플랫폼을 이용하지 않던 사람들까지 끌어들여 결국 시장 전체의 규모가 커지면서 매출과 순이익이 올라갔다. 무료 배달 정책의 실상은 자영업자가 대신 배달료를 내고 온갖 생색을 내는 플랫폼 기업들은 단 한 푼의 비용도 지불하지 않으면서 시장의 규모를 넓히고 수천억 원의 순이익을 얻게 된 것이다.

배달의민족과 쿠팡이츠 그리고 요기요는 마치 메타버스 세계의 조물주가 된 것 같다. 우리가 사는 현실 세계에서는 유동 인구와 접근 편리성에 따라서 입지가 정해지고 임대료가 결정된다. 그러나 플랫폼 기업들은 가상의 세계를 만들고 더 많은 광고비를 지불하는 가게를 앱에서 잘 보이게 배치하고, 광고비를 내지 않는 가게는 첩첩산중 시골 오지와 같은 곳으로 밀어낸다. 아무리 맛이 있어도 산골짜기에 가게를 차리면 장사가 잘될 리가 없으니 장사하려면 반드시 광고비를 내야만 하는 것이다. 플랫폼 기업은 조물주처럼 가상의 메타버스 세계를 만들고 광고비에 따라 수많은 가게를 여기에 두었다가 저기로 옮기기를 반복한다.

배달 플랫폼 기업들이 지금의 성장을 이루는 데는 분명 자영업자들의 기여가 크다. 그러나 플랫폼 업체는 입점 업체 수를 늘리고 영업 이익을 올리는 데는 혼신의 힘을 다 하는 반면에 입점 업체를 보호하는 일에는 방관하고 있다. 고객은 음식이 배달된 후 가게에 별점과 리뷰를 남길 수 있다. 당연히 고객은 맛과 서비스에 대해 평가할 수 있다. 리뷰를 보고 주문할지 말지 결정하는 사람이 많은 만큼 리뷰는 매출에 큰 영향을 미치기 때문에 자영업자들은 리뷰에 신경을 많이 쓴다.

예를 들어 고객이 가게를 이용한 후 아쉬운 점에 대해 적으면 자영업자는 그 점을 보완할 수 있다. 그러나 리뷰와 별점에는 이러한 순기능만 있는 것은 아니다. 배달 앱에서 사용하는 닉네임을 '1점만 주는 사람'이라고 짓고 아무리 맛있어도 별점을 1점 주고는 리뷰에 맛있다고 적는 사람도 있다. 제 딴에는 유머라고 낄낄거릴 수 있으나 별점을 1점 받은 사장님은 말로 형용할 수 없는 허탈함을 느낀다.

나는 고객이 리뷰를 달면 타코야끼 1알을 서비스로 주는 배달 이벤트를 했었다. 그런데 한 고객이 리뷰를 달 테니 감자튀김을 달라고 했다. 나는 한참을 고민하다 감자튀김을 보내주었다. 감자튀김을 보내지 않으면 고객이 별점을 낮게 주고 안 좋은 리뷰를 달지 않을까 걱정됐기 때문이다. 악의적인 리뷰나 사실과 다른 리뷰가 달려도 자영업자들이 할 수 있는 일은 매우 한정적이다. 배달의민족에 리뷰를 가려달라고 요청을 할 수 있으나 일정 시간이 지난 후에는 다시 리뷰가 나타난다. 리뷰를 직접 쓴 사람이 아니면 지울 수 없다. 이런 점을 악용해서 다른 경쟁 가게에서 악의적인 리뷰를 다는 일도 있다고 한다. 플랫폼 기업들은 가게마다 매달 적게는 수십만 원에서 많게는 수백만 원에 이르는 광고비와 수수료를 받으면서 정작 자영업자들이 받는 피해에 대처하는 데는 소극적이다.

내가 치를 떨 정도로 싫은 기업이 있다. 바로 근로자를 업신여기고 마치 서류 한 장, 버튼 하나로 교체할 수 있는 부품 정도로 취급하는 기업들이다. 그중에서 악질은 SPC이다. 피리비게뜨와 샤립, 배스킨라빈스 그리고 던킨도너츠를 운영하는 SPC는 오래전부터 열악한 노동환경으로 꾸준히 문제가 제기되어 왔음에도 아직도 전혀 개선되지 않고 있다.

SPC는 평택 공장의 노동자가 기계에 끼여 사망하고 불과 며칠 후에 성남 공장에서 손가락 끼임 사고가 발생하는 등 산업재해가 일상화되어 있다. SPC의 산재 사고자는 2017년에 4명에서 2021년 147명으로 늘어났는데 이는 SPC의 노동 환경이 더 위험해졌기 때문이 아니라 2017년에 노조가 설립되고 나서 전에는 쉬쉬하고 묻어놓았을 사고들이 제대로 신고되기 시작했기 때문이다. 그동안 셀 수 없이 많은 노동자가 다치고 죽은 사고들이 있었다는 걸 예상할 수 있다.

SPC의 노조는 회사에 기본적인 권리를 요구하기 시작했다. 전국화섬식품노조 파리바게뜨 지회는 SPC에 점심시간 1시간 보장과 아플 때 휴가 쓸 권리를 요구했고 노조 지회장은 단식을 하며 시위를 이어갔다. 회사는 아무런 대응을 하지 않다가 단식 3주 차에 지회장을 찾아가 비타500을 주고 갔다. 단식하는 노동자에 대한 조롱과 멸시라고밖에 볼 수 없다. 같은 시기 충격적인 사건이 또 일어났다. 휴식 시간에 간식을 요구하던 SPC 공장 노동자들에게 쓰레기봉투 같은 커다란 봉투에 수백 개가 넘게 섞여 있는 빵을 제공한 것이다. 빵을 담는 트레이가 멀쩡히 있음에도 의도적으로 그렇게 한 것이다. 그런데도 오해일 뿐이라는 변명은 정말로 구역질이 났다.

쿠팡은 또 어떤가. 14개월 동안 밤을 새우고 매주 73시간 21분을 일하다 결국 과로로 죽은 노동자가 있다. 쿠팡에 "개같이 뛰고 있다."라는 말을 남기고 세상을 떠난 정슬기 씨의 이야기다. 정슬기 씨의 사망에 대해 쿠팡은 산재 처리를 할 수 없다며 책임을 회피했다. 또한 쿠팡은 아직도 택배기사 과로 등 문제를 해결하기 위한 사회적 합의 기구에 참여에 대해 소극적인 태도를 보인다. 오히려 쿠팡은 할당된 배송 물량을 마감인 오전 7시까지 마치지 못한 기사에게 배송 지역을 박탈하는 규정을 앞세워 과로를 조장하고 있다. 효용이 떨어지는 배송 기사는 언제든 교체할 준비를 하는 것이다.

배달의민족이 입점한 자영업자들에게 하는 행태도 다르지 않다. 이제까지 기업들의 악행이 상대적으로 소수의 노농자에게 적용되었다면 플랫폼 기업의 악행은 입점한 수십만 명의 자영업자에게 적용되어 규모가 비교되지 않을 만큼 커졌다. 플랫폼에 입점한 자영업자를 교체할 수 있는 부품 정도로 여기는 모습은 전통적으로 악질 기업들이 구성원들을 대하는 태도와 전혀 다르지 않다.

소비자가 배달의민족에서 주문할 때는 세 가지 방식 중에서 하나를 선택하게 되어 있다. 첫째는 가게에서 부른 배달대행업체에서 배달을 하는 '가게배달(울트라콜)'이고 두 번째는 첫 번째와 방법은 동일하나 주문 건당 6.8%의 수수료가 자영업자에게 부과되는 '가게배달(오픈리스트)'이다. 마지막으로는 '음식배달(배민1)'이 있다. 이 '음식배달'을 통해 배달의민족은 4,000억 원의 이익을 내며 흑자 전환에 성공했다.

원래 배달의민족에는 가게배달(울트라콜)만 있었다. 매달 깃발 하나당 8만 8,000원만 내면 주문이 많든 적든 다른 수수료는 없었다. 자영업자들이 가게를 더 먼 곳, 더 많은 곳에 노출하고 싶다면 깃발을 여러 곳에 세우는 방식으로 깃발을 꽂았다. 얼마 후 배달의민족은 오픈리스트와 배민1을 도입했다. 수익성을 개선하고 이윤을 남기는 건 기업의 생리이지만 도입 과정과 방법이 문제였다.

처음 배달의민족은 가게배달(울트라콜)을 앱에서 눈에 잘 띄지 않도록 디자인을 바꿨다. 대신 주문마다 수수료가 부과되는 가게배달(오픈리스트)과 음식배달(배민1)을 앱을 켜자마자 눈에 띄도록 배치했다. 주문당 수수료가 없는 가게배달로 주문이 가지 않도록 배치한 게 아니냐는 지적에 배달의민족은 그렇지 않다고 해명했지만 누가 봐도 수익이 덜 나는 기존의 방식 대신 수익이 더 많이 나는 방식으로 소비자를 유도하려는 의도로 보였다. 이후 배달의민족은 울트라콜을 폐지하기에 이른다.

배달의민족이 독과점의 지위를 차지하자마자 수수료를 올리고 수수료를 더 받아내기 위해 꾸민 일련의 술수는 너무 뻔뻔해서 소름이 돋을 정도이다. 더 이상 배달하는 자영업자에게 희망은 없다. 하루 12시간 꼬박 일해서 한 달에 1,000만 원이 넘는 매출을 올리며 소위 잘나가던 사장님들조차 수익이 반의 반토막이 나 200만 원도 채 못 버는 상황이 되었다. 지금도 점포 매매 사이트에는 하루에도 수십 곳의 가게가 권리금이 없는 땡처리 매물로 쏟아지고 있다.

플랫폼 기업의 횡포에 시달리는 건 가게 점주들뿐만

이 아니었다. 나는 코로나로 가게를 열지 못하던 기간에 어떻게든 폐업만은 막기 위해 가게를 닫고 다른 일을 했다. 배달 플랫폼에 들어온 주문을 배달하는 프리랜서 배달 기사인 배민 커넥터와 쿠팡이츠 배달 파트너도 그중 하나였다. 배달할 때 오토바이와 자전거, 자동차와 도보 중에서 선택할 수 있었는데 나는 자동차로 배달했다. 비나 눈이 오는 날에는 도로가 미끄러워 사고가 날 가능성도 크고 평소보다 체력적으로 힘이 들기 때문에 쉬는 기사들이 많아서 배달 단가가 높은 편이었다. 초기에 배달 플랫폼들은 배달 기사를 확보하기 위해서 비나 눈이 오는 날이나 오후 6시부터 8시까지 주문이 몰리는 시간에는 보상으로 보너스 수당을 주고, 하루 몇 번 이상 배달을 한 기사에게는 추가로 보상을 주기도 했다. 모두 배달 기사를 더 확보하기 위한 유인책이었다.

그런데 요즘은 자영업자뿐만 아니라 배달 대행 기사들도 힘들다고 아우성친다. 이제 자리를 잡은 플랫폼 업체들이 배달 단가를 점차 낮춰서 4,000~5,000원 수준이던 배달 단가가 2,000~3,000원 수준으로 떨어진 것이다. 게다가 배달의민족은 무료 배달을 도입하면서 자영업자들의 배달료 결정 권한을 빼앗아 소비자에게는 배달료를 받지 않는 대신 자영업자들에게 배달료를 부담하게 하면서 배달 대행 기사들의 단가도 낮아지게 된 것이다.

자영업자와 배달 대행 기사들은 손해를 보지만 소비자는 배달료를 내지 않으니 좋은 게 아니냐고 생각할 수 있다. 그러나 자영업자는 손실을 메꾸기 위해서 음식 가격을 올리고 배달 대행 기사들은 한 번에 여러 개의 주문을 한데 묶어 배송하게 되니 서비스의 품질이 떨어지는 건 불 보듯 뻔하다.

쿠팡이츠는 '한집배달' 서비스를 하고 있다. 배달료를 1,000원 더 내면 배달 기사가 한 집만 대상으로 배달한다는 것이다. 오래 걸리니 음식을 좀 더 빨리 받고 싶을 때 손님들은 한집 배달을 선택한다. 원래는 배달 기사가 2~4곳의 가게에서 음식을 픽업하는데 그사이 음식이 식을 수도 있고 더 오래 걸리기 때문이다.

그런데 한집배달 서비스인데도 배달 기사들은 여러 가게에 들러 음식들을 픽업했고 쿠팡이츠는 이에 대해

"라이더가 여러 매장에서 음식을 픽업해도 가장 먼저 배달하면 한집배달이다."라고 했다. 하지만 내가 주문한 음식만 배달하는 것으로 생각한 고객들은 배달 기사들이 규정을 어기고 1,000원을 더 받는 것으로 오해해 배신감을 느꼈고 결국 모든 비난은 배달 기사의 몫이 됐다.

자영업자들과 플랫폼 노동자들을 쥐어짜 매 분기 역대 최대 실적을 기록하고 있는 플랫폼 기업들의 행태를 기업 활동의 자유를 보장한다는 명목으로 그대로 방치해서는 안 된다. 영화 〈타짜〉에서 장동식이 함대길에게 "마른오징어에서 엑기스 나오는 거 아세요?"라고 말한다. 끝까지 함대길에게 돈을 받아내겠다는 장동식의 악랄한 모습이 드러나는 명대사이다. 그리고 배달의민족과 쿠팡이츠 그리고 요기요와 같은 플랫폼 업체들은 끝까지 받아내는 데 성공했다. "해보니까 마른오징어에서 엑기스 나오던데요."

상황이 이렇게까지 될 때까지 정부는 어디에 있었을까. 2022년 새롭게 출범한 윤석열 정부는 자율규제를 이야기하며 플랫폼 기업의 횡포를 방치했다. 그러나 자율규제의 결과는 공생이 아닌 약탈에 가까운 플랫폼 기업들의 정책들로 나타났다. 이제는 정부가 건강한 플랫폼 생태계 구축을 위해 개입해야 할 때이다. 유럽연합(EU)은 주요 플랫폼 업체의 '갑질'을 차단하는 내용의 디지털시장법(DMA)과 디지털서비스법(DSA)을 제정해 이미 시행에 들어갔으며, 일본도 비슷한 내용의 플랫폼 규제법을 시행 중이다.

정부는 대부업법과 이자제한법을 통해 대부업체의 법정 이자를 연 20%로 제한하고 있다. 모두 국민의 생활을 안정시키고 경제 정의를 실현하기 위한 조치이다. 2002년 66%였던 법정 이자 제한은 경제 상황에 맞게 조정되어 20%로 낮아졌다. 이제 600만 자영업자뿐 아니라 국민의 일상에 영향을 미치는 플랫폼 기업의 수수료도 마찬가지로 정부의 권능을 통해 제한되어야 한다.

자영업자 생존일기

만화방 연체료의 기억

 어릴 적 동네 슈퍼에서 물건을 사고 거스름돈을 더 받았던 경험은 누구에게나 있을 것이다. 아니면 식당에서 밥을 먹었는데 주인이 바쁜 나머지 돈을 덜 받은 적도 있을 수 있다. 그럴 때면 계산이 잘못되었다고 말할지 말지 고민하게 된다. 솔직하게 말하고 계산을 바로 잡을 때도 있지만 작은 이익 때문에 두 눈을 꼭 감을 때도 있을 거다.

 초등학교 2학년 때 우리 집 근처에는 만화방이 있었다. 규모가 큰 편은 아니어서 책을 읽을 곳은 없었고 대여만 가능했다. 고작 5평 남짓한 가게의 주인 여자는 우리 엄마와 비슷한 나이로 보였으니 아마 30대 중반쯤 되었을 것이다. 가끔은 주인 여자의 딸로 보이는 여자아이가 대신 가게를 보던 흔한 동네 만화방이었다.

나는 1주일에 두세 번 엄마에게 300원을 받아 그곳에서 만화책을 빌려 읽곤 했다. 내가 가던 만화방은 하루 대여료가 300원이었고 연체료는 매일 100원씩이었다. 그래서 나는 아침 일찍 만화를 빌려서 다음날 만화방 문 닫는 시간 직전에 반납했고 그때까지 최대한 만화책을 구석구석 꼼꼼히 봤다. 정기적으로 용돈을 받지 않았던 나에게 100원은 학교 앞 문방구에서 불량식품 하나 사 먹을 수 있는 거금이었기 때문에 어떻게든 연체하지 않으려고 반납 날짜를 철저하게 지켰다.

그러던 어느 날 친구들과 놀다가 깜박하고 만화책을 반납하지 못해 꼼짝없이 하루를 더 갖고 있게 되었고 지금은 기억나지 않는 다른 이유로 하루 더 만화책을 갖고 있어야 했다. 결국 2일을 연체해서 모두 200원의 연체료를 내야만 하는 비극적인 상황이었다. 나는 연체료로 내게 될 200원이 너무나도 아까웠지만 어쩔 수 없이 연체료 200원과 새로 빌릴 책값 300원을 가지고 만화방에 갔다.

다신 연체하지 않겠다는 다짐을 하면서 만화방에 들어갔는데, 그날은 주인 여자가 아닌 여자아이가 가게를 보고 있었다. 나는 새로 읽을 만화책을 가지고 와서 다 읽은 만화책을 건네주었다. 카운터에 있던 여자아이는 나에게 손을 내밀며 300원이라고 짧게 말했다. 연체료 200원에 새 책값 300원이면 분명 500원인데, 여자아이는 내가 연체한 사실을 모르는 듯했다.

그 당시 만화방이라는 게 조금 규모가 큰 곳은 컴퓨터가 있어서 프로그램에 집 전화번호로 회원가입을 하고 대여와 연체 내역을 기록하는 방식이었지만 내가 다니던 만화방처럼 영세한 곳은 공책 등에 대여 날짜와 만화책 이름을 적어놓는 곳도 많았다. 자주 오는 손님들 건 신뢰를 바탕으로 장부에 적지 않는 곳도 있던 낭만의 시절이었다.

나는 순간적으로 고민에 빠졌다. 사실대로 연체했다고 말할지, 아니면 양심에 찔리지만 모르는 체하고 그냥 300원만 내고 나올지. 거짓말을 하면 나중에 지옥에 간다고 굳게 믿고 있던 당시의 나는 여자아이에게 솔직하게 연체했다는 사실을 말했고 500원을 주고 새로운 만화책을 빌려왔다. 그러곤 안 써도 될 돈을 썼다는 생각에 한숨을 쉬며 다시는 연체하지 않겠다고 또다시 다짐하며 집으로 돌아갔다.

다음 날 빌렸던 만화책을 다 읽고 반납하기 위해 만화방에 들어가자마자 주인 여자는 내게 연체료를 내고 갔냐고 묻더니 "넌 앞으로는 연체료를 안 내도 괜찮다."라고 말했다. 그러더니 내가 이유를 물어볼 틈도 없이 오늘은 만화책을 그냥 빌려준다고 하는 게 아닌가.

그때의 일이 아직도 선명하게 기억나는 것은 당시 내게는 대단히 충격적인 사건이었기 때문이다. 책을 연체하고 안절부절못하던 내 모습과 연체한 사실을 말해야 하나 고민하다가 솔직하게 말했던 순간, 그리고 다음 날 오히려 책 한 권을 공짜로 읽게 된 경험은 초등학교 2학년인 나에게 큰 충격이었다. 당시 기억이 얼마나 생생한지 그때 그 장면이 아직도 뚜렷하다. 그 이후로 양심에 찔리더라도 눈을 질끈 감으면 이득이 생기는 일을 마주할 때마다 그때의 일이 생각난다.

그날도 평소처럼 가게를 열고 손님을 맞았다. 대학교

가 개강하고 얼마 안 된 시기여서 가게가 만석일 만큼 손님이 많았다. 얼마나 바빴는지 주방에서 안주를 만드느라 잠시도 자리를 비울 수 없을 정도였다. 이렇게 가게가 바쁠 때면 홀에 있는 아르바이트생들은 간혹 실수하곤 한다. 주로 음료수나 술병 개수를 덜 세어서 원래 금액보다 적게 계산하는 경우가 대부분인데 그래봤자 큰돈은 아니니 별수 없다고 생각하는 편이다. 원래 실수 안 하는 사람은 일 안 하는 사람이기 때문에 너무 자주 실수하지 않는다면 나무라지는 않는다.

바빴던 가게가 한가해져서 잠시 앉아서 쉬고 있는데 가게 인스타그램 메시지로 계산이 잘못되었다는 메시지가 왔다. 순간 나는 홀에서 누군가 원래 나온 금액보다 더 계산해 버렸구나 하고 예단해 이를 어쩌지 걱정했다. 단순한 실수든 아니든 이유가 뭐가 됐든 원래 금액보다 더 계산되었단 걸 알게 된 순간 손님은 분명 불쾌할 테고 어쩌면 다신 우리 가게에 안 올 수도 있기 때문이다.

그러나 손님이 연락한 이유는 그게 아니었다. 오히려 원래 내야 할 금액보다 덜 결제되었기 때문에 가게로 연락한 것이었다. 순간 나는 다행이라는 생각에 그냥 서비스로 준 셈 치고 괜찮다고 말했지만 그 손님은 다시 결제하러 온다고 했다.

> 2024년 9월 28일
> 보기 드문 손님을 만났다. 결제가 덜 되었다고 다시 결제를 하러 왔다. 그 모습에 나는 감화가 되었다. 나는 다른 사람에게 어떤 영향을 주는 사람일까 생각하게 된다. 이 친구의 얼굴과 학과를 꼭 기억해서 다음에 오면 잘해줘야겠다.

사실 큰돈도 아니고 몇천 원 정도는 안 받아도 그만이다. 자주 오는 친한 학생들이 오면 소주 한 병이나 사이드메뉴 한두 가지 정도는 서비스로 주기도 하니까 그런 셈 치면 된다. 그런데도 그 학생은 다시 결제하러 왔다.

우리 아르바이트생의 실수로 손님이 다시 가게로 오는 수고를 하게 한 게 미안했던 나는 다시 결제하지 않아도 괜찮은데 애써 올 일을 만들어서 미안하다고 사과했다. 손님을 수고스럽게 해서 미안한 마음이 컸는데 무엇보다 그냥 지나칠 수도 있는 일을 바로잡으려는 정직함에 놀랐다.

 대부분 몇천 원 정도는 결제가 덜 되었단 걸 알면서도 그냥 넘어가지 않을까. 우리는 도덕적으로 옳은 행동을 해야 한다고 알고 있지만 현실에서 그러기는 쉽지 않다. 수십만 원 정도의 큰 금액이 아니라면 대부분은 알고도 그냥 넘어갈 가능성이 크지 않을까. 아님 말고.

 그날 만난 학생은 아마 평소에도 정직하고 착한 마음으로 마주치는 사람들에게 적잖은 영향을 끼칠 것이다. 이런 일을 겪고 나니 초등학생이었던 내가 연체 사실을 고백했을 때 만화방 주인 여자의 마음이 지금의 내 마음과 같았겠구나 싶다.

 지금도 그 학생은 우리 가게에 온다. 이제는 3학년이 되었는지 학생회에서 무슨 역할을 맡은 것 같다. 대학교 종강 때쯤 그 학생이 학과 회식을 하러 왔다. 나는 보잘것없는 술집 사장이지만 내 권한으로 서비스를 주었다. 언젠가 양심을 속일지 말지 선택해야 하는 순간이 오면 '만화책 연체 사건'과 함께 그날의 학생도 떠오를 것 같다.

임마누엘 칸트는 정언명령을 통해 "네가 하는 행동이 보편적인 법칙이 되어도 괜찮을지 고민하라."라고 주장하면서 "모든 사람이 나처럼 행동해도 괜찮은가."를 도덕적 행동의 기준으로 삼도록 했다.

· · · ·
맛탕 그리고 손님

 우리 가게에 오는 손님 중에 독특한 손님이 있었다. 신입생은 아니고 3학년쯤 돼 보이는 학생인데, 오후 6시쯤 혼자 와서 고구마 맛탕을 하나 시켜 먹고는 간다. 술도 안 마시고 꼭 맛탕 하나만 야무지게 먹고 간다. 그 친구는 1주일에 한 번은 꼭 왔다. 그러다 보니 나름 친해졌는데 나는 그 친구를 '맛탕'이라고 불렀다.

 어느 날은 그 친구에게 "술집에 혼자 맛탕 먹으러 오는 건 너밖에 없어."라고 말했더니 자기는 맛탕을 너무 좋아하는데 주변에 맛탕을 파는 곳도 없거니와 직접 만들어 먹기에는 너무 번거롭다는 것이다. 꽤 설득력 있는 얘기였다. 코로나 시기에 가게를 열어 장사가 잘되지 않았을 때라 6,900원짜리 사이드메뉴 하나만 먹겠다는 손님을 마다할 이유는 없었다. 또 그렇게라도 테이블을 차지하고 있으면 가게 전체가 텅 빈 것보다 나았다. 다른 손님이 왔을 때 가게에 손님이 아무도 없으면 손님도 민망하고 나도 민망하니까.

코로나 시기에 시작한 가게라서 흔히들 말하는 오픈발은 없었다. 그래서인지 열정만으로 시작한 가게였지만 어느 순간부터 의지가 많이 꺾였다. 장사가 잘 안되니 출근하는 도로에서부터 가시밭길이었다. 출근 시간이 다 되어도 가기 싫어 뭉그적거리다 지각하는 일이 부지기수였다.

그러던 어느 날 그날도 역시 집에서 늦게 출발해 가게에 출근하던 길이었다. 가게 오픈 시간인 오후 5시 30분이 넘어 6시에나 도착할 것 같았다. 그런데 모르는 번호로 오늘 가게 안 여냐고 전화가 왔다. 6시쯤 열 것 같다고 말하니, 전화기 너머의 사람은 "맛탕 먹으러 왔는데…"라고 했다. 나는 전화기 너머의 사람이 바로 맛탕이라는 걸 단번에 알았다. 헐레벌떡 가게에 도착하니 맛탕은 가게 앞에 있었다. 그 친구는 웃으면서 "사장님

약속을 안 지키면 어떻게 해요."라고 했다. 아차 싶었다. 가게 영업시간은 손님과의 약속인데 그걸 너무 쉽게 생각했다. 머쓱하기도 하고 부끄럽기도 했다. 평소에 나는 다른 사람과 약속이 있으면 정해진 시간보다 더 일찍 가는 편인데도 가게 오픈 시간을 지키지 않는 내 모습은 나답지 않았다.

2020년 11월 17일
아. 장사가 안된다. 하루 한 팀 두 팀 정도가 오면 다행이다. 장사가 그렇게 어렵다고들 하는데. 해보기 전까지는 나도 몰랐다. 뭘 해야 할까. 도대체 문제가 뭔지 고민해도 쉽지 않다. 괜히 이미 깨끗한 가게를 청소도 한다. 출근하기 싫다.

그날 이후론 나는 무슨 일이 있어도 가게 문 여는 시간을 지키려고 한다. 당연히 오후 5시 30분부터 술을 마시러 오는 사람은 많지 않지만 그래도 꾸준히 열었다. 요새는 가끔이나마 일찍부터 손님이 온다. 가게 오픈 시간을 꾸준히 지킨 이유만은 아니겠지만 그래도 영향이 있을 거로 생각한다. 그때 그 맛탕은 지금은 졸업했는지 한동안 오지 않는다. 요새는 어디에서 맛탕을 사

먹고 있는지 만들어 먹는지 가끔 생각나고 궁금하다. 이유 없이 가게를 쉬고 싶을 때는 그때 그 맛탕의 따끔한 항의를 떠올린다.

 또 기억나는 손님은 올 때마다 친구들에게 자기를 달달포차 원년 멤버라고 자랑하듯 이야기하는 손님이다. 올해로 가게를 연 지 5년이 되었으니 아마 1학년일 때, 한창 코로나가 유행이던 시기부터 온 셈이다. 우리 가게를 마치 자기 아지트로 여기는 듯하다. 사실 그렇게 대단한 곳도 아닌데, 나를 불러서 자기가 얼마나 달달포차에 온 지 오래됐는지 확인할 때마다 머쓱하다. 그때마다 작지만 서비스를 주곤 했는데, 아마 그렇게 자기가 왔다는 걸 알리려는 노림수가 아니었을까 싶기도 하다. 아무튼 나만큼 우리 가게에 애정이 있는 사람이 있다는 건 참 기분 좋은 일이다.

 우리 가게가 있는 건물의 2층과 3층에는 당구장이 있다. 당구를 치고 나면 정해진 일과처럼 우리 가게에 술을 마시러 오는 한 무리의 학생들이 있다. 모두 동갑내기 친구들인데 1주일에 한 번은 꼭 우리 가게에 오는 단골손님인 동시에 요즘 같은 시절에 보기 드물게 술을 많이 그리고 잘 마셔서 정말 귀빈으로 모신다. 그중에 한 명은 학교 근처에 자취하고 있는데도 1년 동안, 즉 두 학기 동안 휴학하고 학교에 가지 않고 있었다. 다른 친구들은 4학년이어서 곧 졸업을 앞두고 있는데 혼자만 2학년에 머물고 있다. 나는 무슨 사정이 있겠거니 생각하고 있던 와중에 다른 친구에게서 그가 왜 복학을 안 하는지 듣게 되었다. 별 이유는 없고 공부에 흥미가 없어서 학교에 가지 않는다는 것이었다. 언젠가 가게 근처 거리에서 그 친구를 만난 적이 있다. 나도 모르게 안부를 묻다가 오지랖으로 "이번 학기에 복학해야지. 일단 졸업은 해놓는 게 좋아."라고 말해버렸다. 그러곤 괜히 남의 일에 참견을 한 것 같아 순간 아차 싶었다.

나도 학교를 5년이나 다녔는데 졸업 논문을 쓰지 않아서 2년 동안은 수료인 상태였다. 장사하고 있으니 굳이 졸업장이 필요하지 않아서라는 변명을 했지만 사실 게으름 때문이었다. 그러다 누군가의 제안으로 이력서를 낼 일이 있었는데 대학교 수료라고 적는 게 꺼림칙하게 여겨졌다. 결과적으로 그 제안은 이루어지지 않았으나 졸업은 해놓는 편이 좋다고 생각해 늦게나마 졸업을 한 계기가 되었다. 그래서 그 친구에게 내가 대학 졸업이 아닌 수료 상태여서 좋은 기회를 날린 것 같다고 이야기했던 적이 있다.

 길에서 그 친구를 만난 지 얼마 지나지 않아서 그 무리가 가게에 술을 마시러 왔다. 그런데 그 친구가 이번 학기에 복학한다고 자랑스럽게 이야기를 꺼내며 웃는 게 아닌가. 나는 잘 생각했다고 이야기하며 마치 대단히 좋은 일이라도 생긴 것처럼 웃어주었다.

 단골손님도 있지만 손님 대부분은 기억하기가 쉽지 않다. 한창 장사가 잘되는 날에는 하루 100명이 넘는 손님이 오기도 한다. 내가 홀에 있을 때 손님이 오면 "어서 오세요.", "안녕하세요." 정도로 인사한다. 나는 손님이 부담을 느끼지 않을 만큼 친절하려고 한다. 그렇다고 무심하다고 느끼지는 않을 정도로 손님을 맞는다.

 밥을 먹으러 식당에 가면 인사를 하지 않는 곳이 간혹 있는데 나는 이것이 참 이해가 가지 않는다. 한번 불친절한 곳이라는 생각이 들면 아무리 맛집이라도 다시 가기 꺼려지기 때문이다. 그래서 나는 우리 가게에 오는 손님들에게는 되도록 인사하는 편이다. 내가 굶지 않게 해주는 귀한 사람들한테 인사도 못 할까. 내가 인사를 하면 대부분 인사하며 받아주지만 간혹 눈을 마주치고도 대답 없이 그냥 들어오거나 눈을 마주치지 않고 들어오는 학생들도 있다. 손님이 내 인사에 답할 의무는 없지만 인사했을 때 대답이 오지 않으면 참 머쓱하고 어색해진다.

손님 모두가 고맙고 소중하지만 나도 사람인지라 내 인사에 따뜻한 인사로 답하거나 친절한 손님들에게 마음이 더 가는 게 사실이다. 친절함은 사회에서 비용을 들이지 않고 할 수 있는 가장 부드러운 기술이라는 말도 있지 않나. 그런 손님들에게 작은 거라도 서비스로 주고 싶은 마음이 드는 건 자영업자 사장이라면 똑같을 것이다. 그래서 나는 서비스를 더 주곤 하는데 다음에 또 와달라는 뜻에서 그러는 게 아니다. 장사는 매우 냉철하다. 작은 서비스 하나에 단골이 되는 일은 드물다. 단골이었더라도 주변에 더 저렴하고 더 좋은 가게가 생기면 그곳으로 옮기기에 십상이다. 나의 서비스는 친절에 대한 답례일 뿐이다.

나는 생판 모르는 식당 주인에게 또는 버스를 타면서

기사에게 아니면 편의점을 나올 때 점원에게 인사하는 사람이 좋다. 인사는 별거 아니라고 생각할 수 있다. 하지만 사회적 지능은 단기간에 습득하기 어려운, 한 사람이 살아온 삶의 결과다. 나는 그런 사람들을 보면서 '사랑을 듬뿍 받고 자란 티가 난다'라고 생각한다. 한 명의 훌륭한 인격체를 우리 사회에 선물했다는 점에 대해 그들을 키운 사람들에게 감사의 박수를 보내게 된다. 우리 가게에서 그런 손님을 만나는 순간을 경험하면, 남은 하루가 기분이 좋다.

뉴스에는 심심찮게 남의 가게에서 행패를 부리거나 갑질을 하는 사람들이 나온다. 손님이 왕이라는 생각에서 나온 행동들이 아닐까 추측한다. 하지만 손님은 손님이고 가게 주인은 주인일 뿐이다. 이와 반대로 얼마 전 한 가게 사장이 음식을 가지러 온 배달원에게 건방지다는 이유로 시비를 걸었던 사건이 있었다. 가게 사장은 자기가 배달 기사에게 배달료를 지급하니까 배달 기사를 자기 아랫사람이라고 생각했을 것이다.

단지 물건과 서비스를 주고받는 사이일 뿐인데, 상대가 자기보다 위에 있거나 아래에 있다고 여기는 건 문명인답지 못한 발상이다. 내가 대접받고 싶은 대로 다른 사람을 대하라는 말도 있지 않은가. 다행히 우리 가게에 오는 학생들은 대부분 마음이 고와서 그런 손님은 없었다. 오히려 주머니에서 비스킷을 꺼내주는 손님, 자기 테이블의 수저와 젓가락 그리고 그릇까지 정리하고 가는 손님, 아이스크림을 사면서 내 것까지 하나 더 사오는 손님, 친구의 생일을 축하하는 자리에서 케이크 한 조각 나눠주는 손님까지. 이런 학생들을 손님으로 만나고 있으니 참 다행이다. 나는 손님 복이 많으니 운이 좋은 사람이다. 저녁 장사가 아무리 힘들어도 버틸 수 있는 힘은 여기에서 나오는 듯하다.

5년이나 장사를 했으니 수많은 손님이 우리 가게를 거쳐 갔고 그동안 단골손님도 꽤 많이 생겼다. 누군가는 신입생으로 입학하고 누군가는 졸업하는 동안에 나는 그대로 가게에 있으니 단골 학생들이 졸업해 떠나면 아쉽기도 하다. 졸업하는 친구들이 더 이상 우리 가게에 못 오게 되어 아쉬워할 때면, "나도 너처럼 여실 려야 하는데."라는 식으로 장난을 치거나 친구 졸업식 때 한번 오라고 말한다.

가끔 문득 그 애들은 요즘 뭘 하고 지낼까 생각한다. 군대 가서 한동안 못 보는 손님들도, 졸업해서 더 이상 오지 않는 손님들도 있다. 모두 좋은 기억으로 남아 있다. 그들에게도 나와 우리 가게가 좋은 기억으로 남기를 바란다.

자영업도
빈익빈 부익부

　이십 대에 5년 정도 자취를 했다. 자취를 시작했을 때는 혼자 힘으로 독립했다는 생각에 우쭐하기도 했다. 그도 그럴 것이, 끼니를 거르지 않고 직접 밥도 차려 먹었고 청소나 빨래도 밀리지 않고 척척 해냈으니까 말이다. 그러다 코로나 시기를 거치며 궁해지기도 했고 정신없는 하루를 보내고 돌아온 집에서 느끼는 한기와 왠지 모를 공허함에 다시 가족들이 있는 집으로 들어왔다.

　하지만 같은 집에 살기는 해도 내가 저녁 장사를 시작한 이후로는 가족들과 시간을 맞추기 힘들어 식사는 물론이거니와 일상적인 대화조차 나누기 힘들 정도였다. 어느 날 오랜만에 가족끼리 저녁을 먹자는 아버지 얘기에 마침 시험 기간이기도 해서 모처럼 주말 하루를 쉬기로 했다.

우리는 동네에서 가족 단위 외식 장소로 괜찮다고 이름난 한정식집을 예약했다. 식당에 도착하니 손님이 꽉 차서 예약하지 않은 사람들은 이름을 적고 기다려야 했다. 자리에 앉아 가만히 가게를 둘러보던 아버지는 "요즘 불경기라는데 사람이 많네."라고 했다. 아버지는 장사를 그만둔 지 10년이나 됐는데도 아직도 식당에 가면 가게를 둘러보는 습관이 있다. 다른 가게에서 배울 점이 있나 보던 장사할 때의 습관이 남아 있는 데다 가게가 어떻게 운영되는지 궁금해서일 것이다.

우리가 저녁 식사를 하러 간 날은 주말이라 손님이 평소보다 많았겠지만 그것까지 계산하더라도 주변의 다른 가게들보다 손님이 많았다. 내가 기억하는 것만 해도 5년 넘게 꾸준히 장사해 온 곳인데 생각해 보니 올 때마다 손님이 많았다. 불경기든 아니든 장사가 잘되는 식당인 것이다.

자영업자들은 한목소리로 코로나 팬데믹 시절보다

지금이 더 불경기라고 한다. 우리 가게 주변만 둘러봐도 작년에만 3곳의 술집이 문을 닫았고, 한 곳은 부동산에 가게를 내놨다. 새로 한 곳이 문을 열었지만 그렇게 장사가 잘되는 것 같지는 않다.

카페나 식당이 문을 여닫는 것과 우리 가게와 같은 업종인 술집이 생기고 없어지는 것은 내 마음에 다가오는 크기가 다르다. 혹자는 다른 술집이 문을 닫으면 우리 가게의 매출이 올라서 좋은 게 아니냐고 생각할 수 있지만 상권이라는 생태계는 그렇게 단순하지만은 않다.

같은 업종의 가게들은 경쟁 관계이기도 하지만 동시에 함께 상권을 만들어 가는 관계이기도 하다. 따라서 다른 가게가 문을 닫는 건 마냥 좋은 일만은 아니다. 선택지가 줄어들어 매력이 사라진 곳에는 손님이 줄어들 수밖에 없다. 손님들은 금방 다른 상권으로 옮겨가기 때문이다. 다양성이 사라진 생태계의 외딴섬은 결국 먹이사슬 균형이 무너져 비극적인 결말을 맞는 것이다.

2020년 0.5% 수준이었던 금리는 코로나 이후 3.5%로 7배가 되었다. 코로나 시기를 견디기 위해 받은 대출

이자가 단순히 계산해도 7배나 오른 것이다. 거기다 오를 대로 오른 식자재 비용과 인건비 부담도 만만치 않다. 이 모든 게 골목 가게의 경쟁력을 약하게 하고 자영업자 간 경쟁을 심화시켜 외식업의 빈익빈 부익부를 가속화하는 대표적인 원인이다.

하지만 경기가 아무리 어렵다고 해도 손님이 몰리는 상권의 가게에는 여전히 손님이 몰린다. 신용산역 동쪽에 있는 용리단길 상권과 팝업의 성지인 성수동은 갈 때마다 사람들로 붐빈다. 예전만 못하다고는 하지만 전통적인 강세 상권인 압구정 로데오, 신사, 논현, 홍대 입구 등도 건재하다.

반대로 한번 기세가 꺾인 상권은 계속 내리막길이다. 과거에 붐비던 상권인 안양일번가 그리고 노량진역 근처와 이대 앞은 사람들로 시끌벅적하던 시절로 돌아가기가 쉽지 않아 보인다. 상권이 무너지는 이유는 근처에 새로운 상권이 발달하거나 인구와 사회 구조의 변화로 유동 인구가 줄거나 기존의 상권만의 특색이 사라지기 때문이다. 일례로 수험생의 숫자가 줄어 상권이 위축된 노량진이 있다. 이런 일들은 분명 자영업자들의 잘못도 아니고 자영업자들의 의지와는 상관없이 일어난다. 억울하고 가슴 아픈 일이다.

2024년 2월 22일
이제 곧 새로운 학기가 시작된다. 방학 동안 쌓인 먼지도 쓸고 식자재를 채우기 위해 가게에 갔다. 저녁은 알바생을 불러서 함께 먹었다. 식당으로 가는 도중 다른 술집 출입구에 임대 현수막이 붙은 걸 보게 되었다. 우리보다 좋은 위치에 있으면서 1층에 있어 눈에 띄는 가게였다. 상권의 중심에 있어 학생들이 많이 찾았고 10년 가까이 영업을 하던 곳이었다. 우리 가게에 손님이 없는 날이라도 그곳에는 손님이 제법 있었다. 혹시 임대료 때문일까 아니면 점점 학생들이 술을 마시지 않아서일까. 나는 이유가 궁금했지만 남이 불행한 일을 더 이상 궁금해하지 않기로 했다.

2024년 작년 한 해에만 폐업한 자영업자 수기 98만 6,487명이라고 한다. 관련 통계를 집계한 이후 최대치이다. 코로나 이후 외식 트렌드는 빠르게 변화했다. 예전처럼 가격이나 맛 중에서 하나만 뛰어나도 장사가 잘

되는 시대는 끝났다. 사람들은 소비를 줄이고 소비를 하더라도 전보다 훨씬 엄격해졌다. 가격과 맛 그리고 인테리어까지 뛰어나고 마케팅이 잘된 가게만이 골목 상권에서 살아남을 만큼 소비자의 기준은 높아졌다. 손님이 적어 어려웠던 가게는 더 어려워지고 좋은 상권에 맛집으로 소문난 곳에는 더욱 손님이 몰리게 된 것이다.

통계를 보더라도 이런 변화는 명확하다. 2024년 1월에서 3월까지 서울 25개 자치구 가운데 이른바 '핫플레이스'가 있는 지역의 폐업률과 5년 생존율은 상대적으로 양호했다. 서울시 평균 폐업률은 2.7%, 생존율은 51.9%지만 익선동으로 대표되는 종로구는 폐업률이 2%로 최저였고 새로운 핫플레이스가 된 성수동이 있는 성동구는 생존율이 56.4%로 최고를 기록했다. 용리단길과 숙대입구 상권이 있는 용산구는 폐업률 2.2%(3위), 생존율 55.5%(3위)를 기록했지만 관악구(폐업률 3.7%, 생존율 46.9%), 강북구(폐업률 3.6%, 생존율 46%) 강서구(폐업률 3.5%, 생존율 49.1%) 등 이른바 '핫플'이 없는 서울 외곽 지역은 상대적으로 안 좋은 지표를 나타냈다.

이렇듯 손님이 몰리는 곳과 빠져나가는 곳이 나눠지

면서 자영업자 사이의 소득 양극화는 더욱 뚜렷해졌다. 하위 20%의 평균 소득은 2018년 180만 원에서 2022년 70만 원으로 61% 줄어든 반면에 상위 20%의 평균 소득은 7,630만 원에서 7,290만 원으로 4% 감소하는 데 그쳤다. 반면에 상위 1% 자영업자의 평균 소득은 4억 8,637만 원에서 5억 1,014만 원으로 상승했다. 상권에 따라 폐업률과 생존율에서 큰 차이가 나고 소득 구간에 따라 소득 감소율의 차이가 큰 것은 결국 자영업자 간에도 부익부 빈익빈 현상이 뚜렷하다는 것을 의미한다.

핫플레이스를 포함해 지역마다 존재하는 1등 상권은 마치 블랙홀과 같아서 근처에 있는 작은 상권들의 손님들을 빨아들인다. 여가와 관광의 목적으로 핫플레이스를 찾은 사람들은 가격이 높아도 쉽게 지갑을 열지만 동네 골목 상권을 찾는 사람들은 내수경기 침체로 소비를 줄이느라 쉽게 지갑을 열지 않는다.

또 동네 골목 상권은 재룟값이 올라도 소비자의 반발에 부딪힐까 봐 상품 가격에 반영하지 못하기 때문에 가게 운영은 점점 어려워지고 그럴수록 손님은 점점 더 핫플레이스 상권으로 빠져나가는 이중고를 겪고 있다.

60대 이상의 자영업자 비율이 역대 최대인 시대이면서 동시에 신기술이 하루가 다르게 발전하는 4차 산업혁명 시대에 배달 애플리케이션 조작에 어려움을 겪고 인스타그램과 같은 SNS를 다루는 비중이 낮은 노년층 자영업자는 점점 도태될 수밖에 없다.

과거에는 노동 집약 산업이었던 자영업이 신기술과 정보의 영역으로 옮겨가며 자영업자 사이에서도 격차가 커지고 있다. 같은 상권 내에서도 숏폼 등을 통해 안 좋은 상권이라는 약점을 극복하고 살아남는 청년 자영업자가 있는 반면에, 홍보는커녕 현상 유지도 어려운 중장년 자영업자가 있는 것이다.

우리 가게가 있는 곳에서 택시로 5분 정도 거리에 안산에서 가장 사람들로 붐비는 고잔신도시가 있다. 학생들은 친구들과 학교 앞에서 만날지 조금 움직여서 고잔동에서 만날지 선택할 수 있다. 나는 혹시 안주 가격을 올려 고잔동에 있는 술집들과 비슷해지면 학생들이 '이왕이면 고잔동'이라고 생각할까 봐 최대한 가격을 올리지 않는다. 때때로 새로운 메뉴를 출시하면 이벤트라도 해서 학생들이 다른 곳으로 가지 않도록 붙잡으려

한다. 이렇게라도 해야 블랙홀로 빨려 들어가는 손님들 일부라도 잡을 수 있다.

2024년 11월 2일
요리학원도 지원이 된다고 해서 내일배움카드를 신청했다. 예전부터 회를 뜨는 법과 일식을 배워보고 싶었다. 언젠가 쓸모가 있을 것 같다. 아니면 우리 가게에 새로운 메뉴를 더할 때 도움이 되지 않을까. 재료비에 학원비에 300만 원 정도인데 절반을 지원해 준다고 한다. 이참에 자격증 하나 따놓는 것도 좋겠다.

수많은 자영업 컨설턴트들은 자영업 위기의 시대에 살아남기 위해서 자영업 사장들이 스스로 부단히 변화해야 한다고 조언한다. 나도 주변에 오랫동안 장사를 이어온 가게들이 하나둘 없어지는 걸 보면서 변화해야 한다는 말에 십분 공감한다. 신라 김유신의 말은 늘 하던 대로 술에 취한 김유신을 전 연인의 집으로 데려갔다가 목이 잘렸다. 과거에 머무른 대가였다.

그래서 새로운 학기가 시작하기 전에 지난 학기 동

안의 판매량을 보고 상대적으로 잘 나가지 않는 메뉴는 과감히 빼고 새로운 메뉴를 넣는다. 말은 쉬워 보여도 새로운 메뉴를 넣는 건 정말 큰 노력과 비용이 들어간다. 새로운 메뉴에는 새로운 재료가 필요한 법이고 그만큼 관리할 재고가 늘어난다는 뜻이다. 만약 메뉴가 신선식품이라면 팔리지 않을 땐 재료를 버려야 할 수도 있다.

게다가 딱 맞는 레시피를 찾기 위해서 같은 메뉴를 수십 번 만들어 보는 것도 꽤 큰 비용이 든다. 그래서 시행착오를 조금이라도 줄이기 위해 이미 '핫플'에서 잘나가는 가게들의 메뉴들을 벤치마킹하기도 한다. 다른 곳에서 성공하는 메뉴는 우리 가게에서도 잘 팔릴 확률이 높지 않겠냐는 생각에서다. 나보다 경험과 실력이 뛰어난 선배 자영업자들에게 편승하는 셈이다. 물론 같은 메뉴라도 상대적으로 저렴한 임대료와 손님 대부분이 소비 여력이 한정적인 대학생들이라는 이유로 가격은 더 낮게 정한다.

가만히 가게에 앉아 있는다고 새로운 메뉴가 탄생할 리는 없다. 인터넷으로 검색한 다음 괜찮다고 추린 가게에는 직접 가본다. 가게를 닫기에 부담이 없는 방학 기간이면 서울 여기저기 주요 상권들의 인기 있는 술집을 찾아다닌다. 술은 마시지 않고 식사라도 하러 온 듯이 안주만 여러 개 주문한다. 안주가 나오면 재룟값은 얼마나 들어갈지, 레시피는 어떻게 만들어야 할지, 우리 가게에서도 잘 팔릴지 생각하며 맛을 본다.

그날도 여느 때처럼 용산역 근처에서 장사가 잘된다는 술집으로 향했다. 술 없이 안주만 시켜놓고 휴대폰으로 이것저것 검색하고 사진도 찍으면서 한창 생각하고 있는데 갑자기 삼십 대 중반 정도 되어 보이는 남자 종업원이 우리 테이블 앞으로 왔다. 그리고 나에게 "장사 준비하세요?"라고 물었다. 나는 깜짝 놀라서 생각할 겨를도 없이 "아 네, 죄송합니다."라고 했다. 정확히 왜 죄송한지는 모르겠지만 그냥 죄송하다는 말이 나왔다. 다른 업체를 염탐하는 간첩이라도 된 것 같았다. 이야기를 나누면서 알게 되었는데, 말을 건 사람은 그 가게의 사장이었다. 나이가 삼십 대 중반 정도로 보여 종업원인 줄로만 알았다.

"아니에요. 안주만 드시는 거 보고 그럴 것 같았어요.

어디서 준비하세요?"

"아, 저는 준비는 아니고 이미 안산에서 하고 있어요. 다른 술집에서 배우는 게 많아서요."

"맛있게 드시고 궁금한 게 있으면 편하게 물어보세요. 젊은 친구가 열심히 하시네요."

"안주가 다 맛있어서 부럽기도 하고, 부끄럽네요. 감사합니다."

돌이켜 생각해 보니 내 모습은 누가 보더라도 수상해 보일 더였다. 술집에 와서 술은 주문하지도 않고 안주만 여러 개 시키고는 사진 찍고 메모만 했으니. 우리 가게에 그런 사람이 온다면 나도 수상한 사람이라고 생각했을 것이다.

사장님은 자기도 지금의 가게를 하기 전에 다른 가게들을 다니면서 많이 배웠다면서 연락처를 적은 종이와 음료수 두 캔을 가져다주었다. 그러곤 궁금한 게 있으면 연락하라고 했다. 아쉽게도 우리 가게에서 벤치마킹하기에는 재료 손질도 번거롭고 식자재 관리가 어려울 것 같아서 사장님께 연락드릴 일은 없었다. 음식 하나하나 손이 많이 가고 들어가는 노력이 많은 만큼 손님들도 알고 많이들 찾는 것 같았다.

 언제는 우리나라 경기가 좋았던 적이 있었느냐만 점점 어려워지는 경기에 모두가 힘들고 인심도 각박해지는 것 같다. 무한경쟁, 극한의 경쟁으로 치닫는 자영업의 세계에 있지만 서로가 잘되기를 바라는 마음이다.

호시탐탐 노리는 탈출

 우리 가게 아르바이트생은 모두 가게 앞에 있는 대학교에 다니는 학생들이다. 그중에 2년 가까이 우리 가게에서 아르바이트했던 친구가 있는데 지금은 졸업을 앞둔 4학년으로, 사회복무요원으로 군 복무 중이다. 성실하고 자기가 맡은 일을 잘 해내는 책임감이 있는 데다 성격도 착해서 함께 일하면서 불편한 적이 없었다.

 어느 날 이 친구가 나에게 자기는 나중에 취업하는 대신 나처럼 술집을 하고 싶다고 조심스럽게 이야기했다. 처음에는 그냥 하는 말이겠거니 하고 넘겼는데 나중에 이야기를 나눠보니 생각보다 장사하겠다는 마음이 컸다.

나는 그 친구에게 아르바이트하는 것과 실제로 가게를 운영하는 것은 큰 차이가 있으며 나도 수많은 아르바이트를 해봤지만 직접 가게를 운영하는 것과는 차원이 다르다고 이야기했다. 아르바이트는 주어진 일만 잘 해내면 되지만 가게를 운영하는 건 하나부터 열까지 신경 쓸 일이 산더미이고 자칫 잘못해서 가게가 잘되지 않으면 온전히 혼자 책임져야 한다.

2025년 1월 24일
재혁이가 자기도 나중에 장사할 거라고 말했다. 나는 곧바로 조금 더 고민하자고 말했다. 지금이야 하늘이 도와서 장사가 잘되는 편이지만, 재혁이는 처음 문을 열고 달달포차에 얼마나 손님이 없었는지 모른다. 언젠가 가게를 그만둘 거면 자기에게 팔라고 한다. 그치만 나는 주변 사람이 고통받는 걸 원하지 않는다. 그저 생판 모르는 남에게 높은 권리금을 받고 팔고 싶다.

흔히 자영업이라는 건 마치 진흙으로 된 늪과 같아서 한번 들어오면 쉽게 빠져나갈 수 없다고 한다. 가게를 열고 자영업을 시작하는 것보다 가게 문을 닫고 그만두는 게 더 어렵다고도 한다. 가게에 들어간 돈이 아까워 쉽사리 가게 문을 닫지도 못하는 데다가 가게를 그만두고 싶어도 가게가 팔리지 않는 경우가 흔하기 때문이다.

또 자영업자 사장님들은 장사하면서 나이가 들면 결국 할 수 있는 건 장사밖에 없다고들 한다. 직장인은 회사를 그만둬도 경력이 쌓여 다른 회사로 이직할 수 있지만 자영업자는 가게 문을 닫으면 또 다른 자영업을 시작하게 될 뿐이라는 의미다. 자영업을 하다가 임금 노동자로 돌아간다는 것은 정말로 쉽지 않은 일이다.

젊었을 때 직장을 다니다가 자영업을 하는 분들 중에서 사십, 오십 대에 다시 취직하는 경우가 과연 얼마나 될까. 백 명 중에 한 명 있으면 다행이다. 그만큼 경력 단절의 벽은 생각보다 높다. 직장 생활을 하다가 이르면 사십 대에 퇴직하고 자영업에 뛰어드는 경우가 대부분이다.

언론에서는 자영업의 위기를 이야기하지만, 경기가 어려울수록 자영업 성공담이 끊임없이 올라온다. 오늘도 유튜브에는 대단히 높은 매출을 올리는 가게 사장의 인터뷰나 '하루 매출 500만 원!', '월 수익 1,000만 원 보장!' 같은 영상들이 올라온다.

나는 그런 영상을 볼 때마다 정말 의심스럽다. 자영업은 나 빼고 모두 경쟁자인 세계이므로 아무리 가까운 사람일지라도 가게 매출 공개하기를 꺼리게 된다. 굳이 장사가 잘되는 걸 알려서 좋을 게 있을까. 자기 가게 주변에 새로운 경쟁자가 생길 가능성을 생각해 볼 때 유튜브에는 나가지 않는 게 당연하다.

하루는 매출을 자랑하는 자영업자들의 영상을 보다가 그 가게들을 찾아본 적이 있다. 대부분 문을 열고 1년, 아니 3개월도 채 안 되는 가게들이었다. 그때 확신할 수 있었다. 이런 영상의 목적은 개업 초기에 장사가 잘된다고 홍보해서 높은 권리금을 받고 팔려는 것이거나 프랜차이즈 홍보이거나 프랜차이즈 사업을 위한 초기 빌드업 중 하나일 것이다. 이런 유튜브 영상들은 파리지옥처럼 달콤한 향기로 순진한 자영업 희망자들을 유혹해 잡아먹고 양분으로 삼는다.

장사를 시작하기 전에는 누구나 노력만 하면 상위

10%, 아니 1%가 될 수 있다는 부푼 꿈에 젖는다. 나도 그랬다. 그러나 장사는 정말로 어렵다. 맛있는 건 기본이고, 인테리어도 멋져야 하고, 마케팅도 잘해야 하고, 친절은 덤이다. 거기에 가게의 입지도 좋아야 한다. 요즘은 완벽한 인력 관리와 체계적인 시스템도 갖춰야 한다. 모든 조건을 만족하는 '육각형'이 되어야 하는데 이 중에서 하나라도 부족하면 가게는 금방 무너지기에 십상이다. 심지어 모든 것을 갖추더라도 반드시 성공한다는 보장도 없다.

장사를 시작하면 정작 내 맘대로 되는 일은 별로 없다는 걸 알게 된다. 좋은 상권이라는 것은 항상 바뀌기 마련이라서 높은 권리금과 비싼 임대료를 지불하고 장사를 시작해도 내 의지와 상관없이 상권이 몰락하는 일이 부지기수다.

만약 우리 가게가 잘 되어도 문제다. 장사가 잘되는 것 같으면 주변에 우리 가게와 비슷한 경쟁 업체가 우후죽순으로 생긴다. 자영업자 카페에 어느 사장님이 올린 글이 기억난다. 경남 진주에서 카페를 하는 분이었는데, 카페가 자리한 곳은 그다지 유동 인구가 많지 않은, 저녁에 동네 주민들이 간간이 산책하러 오는 수변이었다. 그 사장님의 카페 하나만 있었을 때는 그럭저럭 장사가 됐으나 불과 2년 사이에 카페가 5곳이나 더 생겼다는 것이다. 배후 수요라고는 고작 500세대 규모의 작은 아파트 단지 하나인데도 겉으로 보기에 카페가 잘되는 것 같으니 우후죽순으로 다른 카페들이 생긴 것이다.

세상일은 운이 7할이고 능력이 3할이라고 한다. 나는 장사는 운이 9할이고 능력이 1할이라는 생각을 한다. 그만큼 내가 의도한 대로 이루어지는 일이 적다. 장사가 안되면 그 자체만으로 고통이지만 반대로 장사가 잘되어도 생각지도 못한 문제들이 생긴다. 건물주가 임대료를 올리지 않으리라는 법도 없거니와 젠트리피케이션의 위험도 언제나 존재한다. 한 가게가 잘되는 것 같으면 앞서 얘기한 카페처럼 똑같은 업종의 가게가 반드시 생기는 법이다.

나는 술집을 하고 싶다는 우리 가게 아르바이트생에게 매번 진심으로 이야기한다. "단 몇 년이라도 직장 생활을 하고 그다음에 자영업을 해도 늦지 않는다."라고.

그 친구가 장사를 위해 얼마나 준비하고 계획을 세웠는지도 모르는 상태에서 이런 조언은 무례할 수도 있다. 나는 내가 매일 마주하는 위태롭고 불안정한 일상에 대해서, 남들이 알지 못하는 것들에 대해서 알려주고 싶었을 뿐이다.

우리가 매일 만나는 웃는 얼굴의 친절한 자영업자 사장님들의 마음속에는 새까맣게 탄 흔적들이 있다. 내 말을 듣고 그 친구가 생각을 바꿀지는 알 수 없다. 하지만 만약 내 말을 듣고 자영업을 하지 않기로 결정한다면 나는 그 친구에게 적어도 1억 원은 아끼게 해준 셈이라고 확신한다. 창업했다가 한번 실패하면 인생에서 5년 10년까지 후퇴한다고 생각하기 때문이다. 또 재기하기까지는 오랜 시간이 걸린다. 창업하는 건 정말 신중하게 생각할 일이다.

나중에라도 자영업을 할 계획이 있거나 조금이라도 관심이 있는 사람들은 생존자 편향에 빠지기 쉽다. 생존자 편향은 사람들이 성공한 사례에만 주목하고 실패한 사례를 무시함으로써 생기는 인지적인 오류라고 설명할 수 있다. 자영업 세계에 들어오기 전까지는 소위 대박집을 보면서 나도 자영업을 하면 성공할 수 있다는 착각에 빠지는 것이다.

하지만 내 가게가 대박집이 될 가능성은 지극히 낮은 데다 손님이 많고 매출이 높더라도 순익이 적은 경우도 많다. 오죽하면 새롭게 문을 연 가게들 중에 5년 안에 10곳 중 8곳이 문을 닫을까. 그런데도 내가 하면 다를 거라고 확신하는 사람이 있다면 잠시 기억을 되살려 보길 바란다. 누가 얼마를 벌었다 얼마나 올랐다고 하며 한창 암호화폐 코인 열풍이 불었을 때 자기가 돈을 벌었는지 잃었는지 말이다.

누가 나에게 한 달에 250만 원을 받고 회사에 다닐지 아니면 매달 500만 원의 순수익이 남는 자영업을 할지 선택하라고 한다면 나는 무조건 회사에 다니겠다고 대답할 것이다. 임금 노동자는 주 5일 일하고 매년 급여는 인상되며 퇴직하면 퇴직금도 나온다. 또 국민연금도 절반을 직장에서 부담하고 연말정산을 할 때는 13월의 월급이라고 해서 대부분 환급되지만 자영업자는 5월마다 종합소득세를 내야 한다.

임금 노동자는 취업하기 위해 목돈이 필요하지도 않다. 반면에 자영업자는 시작할 때 아무리 적어도 5,000만 원 이상의 창업 비용이 필요하다. 국민연금과 건강보험료는 온전히 혼자 부담해야 하고 번 돈의 10%는 부가세로 납부해야 한다. 1주일 내내 일하는 건 기본이고 공휴일에 쉬는 건 꿈도 꾸기 어렵다.

여기까지 들으면 조금 더 고생하더라도 더 벌겠다고 하는 사람이 있을 수 있다. 하지만 가장 중요한 게 남아 있다. 자영업자에게는 생각지도 못한 비용이 엄청나게 나간다는 것이다. 우리 가게만 해도 얼마 전에 5년 동안 사용했던 간판을 300만 원 주고 교체했다. 업소용 냉장고, 튀김기, 그리고 식기세척기와 같은 전자제품들은 몇 년이 지나면 하나둘씩 고장이 나서 큰 비용을 들여 수리해 가며 사용해야 한다. 가게가 오래될수록 들어가는 수선 비용이 늘어가고 인테리어도 주기적으로 새롭게 바꿔야 한다.

PC방은 아무리 길어도 2년이 되기 전에 컴퓨터를 업그레이드해야 하고 프랜차이즈 가게들은 본사의 요구로 멀쩡한 인테리어를 갈아엎어 수천만 원을 들여 새로 한다는 사실을 알아야 한다. 안 하면 그만 아니냐고? 당장 다음 달이면 삐까번쩍한 고사양 컴퓨터를 갖춘 새로운 PC방이 근처에 개업하고 깔끔한 인테리어의 동종 업계 가게가 들어서 손님을 뺏기게 될지도 모른다.

자영업자들은 이런 걸 두고 "앞으로 벌고 뒤로는 빚진다."라고 말한다. 겉으로는 직장인보다 더 많은 돈을 버는 것 같지만 실제로는 드러나지 않은 비용들이 많은 게 현실이다. 이런 비용들은 자영업을 시작하기 전에는 알 수 없다 보니 자영업자들은 시간이 지날수록 생각지도 못한 지출에 당황하게 되는 것이다. 이렇게 따져보면 자영업을 하면서 직장 다닐 때보다 3배 정도는 더 벌어야 직장을 다니는 것보다 낫다.

나는 기회만 있다면 가게를 다른 사람에게 넘기고 매달 안정적으로 월급을 받는 직장에 다니고 싶다. 올해로 서른두 살이 되어 더 늦기 전에 직장 생활을 시작해야 한다는 압박감도 느낀다. 물론 직장인도 직장인 나름의 고충이 있겠지만, 그럼에도 불구하고 언제부턴가 더 적게 벌더라도 주말의 여유를 만끽하는 사람들이 부러워지기 시작했다. 가게를 열고부터 1년 내내 쉬지 않고 일하는 일상에서 이제는 벗어나고 싶다. 퇴근해도 가게에 대한 생각과 고민은 멈추지 않기 때문에 하루 종일 일하는 듯한 부담감에 시달리고 혹여라도 연휴에 쉬게 되면 이렇게 쉬어도 되는 걸까 하는 걱정에 사로잡혀 제대로 쉬지 못할 때가 많다.

 낮은 매출을 보며 안절부절못하거나 어쩌다 장사가 잘되는 날에 안도하는 내 모습이 우습게 느껴지기도 한다. 이렇게 매출이 오르고 내리는 날들을 겪다 보면 안정적이고 꾸준한 삶이 부러운 순간이 온다. 그래서 어느 순간부터 내 목표는 자영업 탈출이 되었다.

"건물주를 이길 순 없어요."

 자영업자에게는 3대 복이 있다. 첫 번째는 건물주 복, 두 번째는 직원 복, 세 번째는 손님 복이다. 그러고 보니 모두 사람에 대한 것이니 인복이 전부라고 할 수 있다. 어느 일인들 안 그렇겠느냐만 자영업은 주로 사람을 직접 대하는 일이 많다 보니 사람 복이 가장 중요하다.

 직원이야 성격이나 일하는 방식이 안 맞으면 헤어질 수 있다. 그리고 우리 가게의 손님은 모두 학생이라서 이제까지 진상이라고 불릴 손님도 없었다. 그러나 우리 가게의 건물주는 꽤 까칠해서 가끔은 연락하는 것조차 망설여질 정도이다. 까칠하기만 하면 괜찮은데 문제는 건물주가 건물을 관리하는 것에는 별 관심이 없다는 거다.

예전에 복도의 전등이 나갔을 때 건물주에게 교체를 부탁했으나 차일피일 미루어 결국 내가 교체했었다. 또 공용 화장실의 문이 고장 나서 직접 수리를 한 게 무려 세 번이다. 복도 전등이나 화장실 문 같은 건 내가 고칠 수 있으니 괜찮다고 하지만 그럴 수 없는 심각한 문제가 있다. 바로 건물이 오래되어서 누수가 된다는 것이다.

우리 가게는 지하에 있는데 비가 많이 오는 날이면 어디에선가 빗물이 샌다. 장마철이거나 태풍이라도 올 때는 다음 날 출근을 하면 빗물이 흥건하게 고여 있다. 출근하자마자 걸레로 물을 닦아내는 건 비가 많이 온 다음 날이면 반드시 해야 하는 일이다.

더 큰 문제는 가끔 비가 아주 많이 오면 누수로 인해 전기 차단기가 내려간다는 것이다. 가게에 누가 있을 때는 바로 차단기를 올릴 수 있지만 모두 퇴근한 다음에 차단기가 내려가면 냉동실과 냉장고의 식자재가 모두 상하는 불상사가 일어난다. 그래서 나는 장마철이면 가게 조명을 하나 정도 켜놓고 퇴근한다. 집에 있을 때도 CCTV로 틈틈이 조명이 꺼졌는지 켜져 있는지 확인한다. 조명으로 전기 차단기가 내려갔는지 알 수 있기 때문이다.

얼마 전에는 건물 집수정의 모터가 고장 나서 물난리가 난 적도 있다. 우리 가게는 지하에 있어서 가게에서 사용한 물을 한곳으로 모은 다음 집수정의 모터를 이용해 1층으로 올리고 하수도로 흘려보낸다. 그런데 모터가 고장이 나면 물을 1층으로 보내지 못해 결국 집수정이 넘치게 되는 게 문제다. 집수정에서 넘친 물이 밖으로 나가지 못하고 지하에 있는 가게 안으로 흘러오기 때문이다.

집수정 모터가 고장 난 시각은 저녁 10시 정도였는데 나는 물을 걸레로 닦으며 건물주에게 곧바로 전화했다. 그런데 건물주는 주말에 와서 어떤 상황인지 한번 보겠다고 대답했다. 건물주가 주말에 온다는 건 모터를 수리할 때까지 최소한 사흘 이상은 가게 장사를 접어야 한다는 뜻이고 건물주가 온다고 집수정을 바로 고친다는 보장도 없었다. 나는 "오늘은 화요일이고 당장 오는 손님들을 못 받고 있다."라고 말했으나 건물주는 주말밖에 남는 시간이 없다는 말만 되풀이할 뿐이었다.

다음 날 바로 집수정 모터를 수리하는 업체를 알아보았다. 모두 5곳의 업체에 연락해서 견적서를 받은 다음에 건물주에게 전화해 내일까지 수리가 가능한 곳이 5곳이 있으니 그중에 선택해 수리하자고 제안했다. 그러나 건물주는 더 많은 업체를 찾아보고 고르자는 말만 계속할 뿐이었다.

결국 나는 당장 영업을 하지 못하는 상황에서 주말까지 기다릴 수는 없고 주말에 고친다고 해도 그때까지 가게 문을 닫아야 하는데 "손해를 혼자서 감당할 생각은 없다."라고 했다. 돌려서 말하기는 했지만 건물주에게 건물 관리와 수선 의무에 대한 책임을 묻겠다는 뜻이었다. 그제야 건물주는 그중에서 가장 저렴한 곳으로 진행하자고 말했다.

사실 집수정 모터는 10년이 넘은 것이라 언제 고장 나도 이상하지 않을 정도였다. 물속이라는 극한의 조건에서 아무리 성능이 좋은 모터라도 10년까지 버틴 게 용할 지경이었다. 그래서인지 가끔 집수정 모터에서 소음이 났는데 그때마다 나는 건물주에게 집수정 모터를 점검해야 한다고 말했었다. 점검을 미루는 사이 버티다 못한 모터는 고장이 났다.

나는 사고가 일어난 화요일부터 모터가 완벽하게 수리된 목요일까지 장사를 하지 못했다. 건물주는 법적으로 임대차 목적물의 수선과 관리의 의무가 있고 건물의 하자로 임차인에게 피해가 발생하면 배상해야 한다. 건물주의 책임으로 임차인이 영업하지 못한 경우 보상금을 정하는 기준까지 있다.

그런데 법이 그렇다는 거지 실제로 건물주에게 보상을 요구하기는 쉽지 않다. 갑을 관계에서 을인 임차인이 갑인 건물주에게 당당하게 권리를 찾다가는 나중에 어떤 불이익을 받을지 모르기 때문이다. 나도 집수정 모터 수리가 끝난 다음에 건물주에게 마음 쓰느라 고생하셨다고 한마디 할 수밖에 없었다. 물을 퍼내고 닦아내고 공사 업체를 찾고 견적을 받아서 수리하고 공사로 어지럽혀진 가게를 정리하면서 정작 고생한 건 나였고, 건물주의 고생이란 건 고작 내 전화 세 통을 받은 것뿐인데 말이다.

2024년 10월 22일

집수정 모터가 고장 났다. 가게 입구에 물이 차기 시작했다. 나는 가게를 보랴 입구의 물을 닦으랴 정신이 없었다. 정말로 힘들었다. 새로 들어오는 손님에게 죄송하다고 말하고 돌려보냈다. 건물주에게 연락을 해보니 주말에 와보겠다고 한다. 오늘은 화요일인데, 수요일부터 금요일은 어떻게 장사를 하라는 말인지 모르겠다. 장난하냐고 말하고 싶었지만 나는 참았다. 물론 주말에도 고쳐진다는 보장도 없다. 너무 화가 났지만 잘 참았다.

  우리 가게 건물의 1층에는 카페가 있고 2층과 3층에는 당구장이 있다. 아르바이트생에게 줄 커피나 내 커피를 사러 카페에도 자주 가고, 가게가 한가할 땐 2층에 당구를 치러 가기도 하면서 이웃끼리 잘 지내고 있다. 하루는 당구장 사장이 우리 술집으로 네다섯 번이나 내려온 적이 있다. 당구장 사장은 내가 바빠 보였는지 이따 오겠다는 말을 남기고 다시 당구장으로 올라갔다. 그날 우리는 새벽 3시에 서로 장사를 마치고 보기로 했다.

  장사를 마치고 우리 가게로 내려온 당구장 사장이 조

심스럽게 꺼낸 이야기는 임대료에 관한 것이었다. 당구장 사장은 혹시 내게도 건물주가 월세를 올려달라고 했는지 물었다. 건물주가 올해도 1층 카페에 월세 5% 인상을 요구했다면서 당구장도 마찬가지로 5% 인상을 요구받았다고 했다. 임대차 계약 기간을 1년으로 했으니 매년 5%씩 오르는 셈이다. 1년에 5%는 임대차보호법에서 허용하는 최대한의 인상률이다. 건물주가 매년 월세를 5%씩 올리는데 어떻게 방법이 없겠냐고 물었다.

상가건물 임대차보호법에서는 1년 미만의 계약은 1년으로 본다고 규정하고 있다. 그래서 최소 계약 기간이 1년이다. 계약 기간 안에 딱 한 번 임대료를 올릴 수 있는데 최소 계약 기간인 1년으로 계약하면 매년 임대료를 올릴 수 있다. 우리 건물의 주인은 매년 임대료를 5%씩 올릴 방법을 아주 잘 알고 있는 셈이다.

우리 술집도 2020년 이후 임대료가 매년 5%씩 올랐다. 5%는 과하지 않나 생각하면서도 법에서 허용한 것이니 볼멘소리만 할 뿐이다. 자영업자 카페에는 건물주가 5%를 넘는 임대료 인상을 요구한다는 글이 심심치 않게 올라오고, 건물주와 고성이 오갔다는 글도 올라온다. 그럴 때면 그나마 우리 건물주는 양반이라는 생각이 들기도 한다.

분명 상가건물 임대차보호법은 임차인을 위해 잘 만들어진 법이다. 그런데도 건물주에게 불만을 이야기하는 것조차 조심스러운 이유가 있다. 조금이나마 법을 공부했던 나는 건물주와 다투면 결국 손해를 보는 건 임차인이라는 걸 너무나도 잘 알고 있었다. 만약 건물주가 편법으로 월세 대신에 관리비를 올려도 막을 수가 없다. 예를 들어 3만 원이던 관리비를 갑자기 10만 원으로 올려도 임차인이 거부할 방법은 마땅치 않다.

현행법으로 건물주는 관리비 인상과 산정의 근거를 제시할 필요도 없다. 관리비를 올리는 방식으로 임대료를 올려도 임차인은 거부할 수가 없다. 그래서 이런 일은 주변에서 흔히 일어난다. 인터넷에서 찾아보지 않더라도 주변에 원룸이나 상가에 세 들어 살면서 건물주로부터 관리비를 올리겠다는 통보를 받은 사람은 셀 수 없을 정도로 많다. 현재 상가건물 임대차보호법에서는 임대료 인상률을 5%로 제한하고 있는데 '임대료+관리비'의 인상률을 5%로 제한하는 것으로 바뀌면 좋겠다.

나는 당구장 사장에게 상가건물 임대차 분쟁조정위원회를 통해서 다툴 수 있는 여지도 있고, 다음 계약 기간을 2년 이상으로 하자고 요구하는 방법도 있다고 말해주었다. 다만 "건물주의 요구를 거부할 수 있는 방법은 사실상 없고 이길 수도 없어요."라고 말하며 관리비 등으로 불이익을 받을 수 있으니 서로 감정이 상하지 않아야 한다는 이야기도 덧붙였다.

 그로부터 몇 달 후 결국 사건이 터졌다. 당구장 사장은 가게를 정리하려고 부동산에 내놓았고 얼마 지나지 않아 당구장을 인수하겠다는 사람이 나타났다. 당구장 사장과 당구장을 인수하려는 사람 사이에서 이야기가 잘됐는지 건물주와 새로 계약하는 일만 남겨두고 있었다. 그런데 건물주가 갑자기 월세를 기존의 180만 원에서 210만 원으로 30만 원이나 올리겠다고 통보한 것이다. 월세가 오르리라고는 상상도 못 했던 임차 예정자는 결국 당구장 인수를 포기했다. 한 달에 30만 원이면 1년에 360만 원이 오르는 셈인 데다 매년 5%씩 더 오른다니 부담이 이만저만이 아니었을 것이다.

 이 일로 머리끝까지 화가 난 당구장 사장은 남은 계약

기간인 4개월이 지나면 당구장 문을 닫겠다고 했고 결국 인근의 빈 상가로 옮기게 되었다. 당구장 사장은 6년 전 이 건물에 들어올 때 이전 임차인에게 권리금을 줘야 했지만, 정작 자신은 빈손으로 나가게 되었다. 이렇게 되면 건물주도 손해인 건 마찬가지다. 새로운 임차인이 들어올 때까지 2층과 3층을 기약 없이 공실로 둬야 하기 때문이다. 당구장 사장과 건물주 누구에게도 좋은 결과가 아니었다.

 물론 건물주에게도 나름의 사정이 있을 것이다. 건물을 살 때 대출을 받았다면 금리가 많이 올라서 부담이 커졌을 수도 있고 혹은 월세 수입이 많아야 건물 가치가 올라가니 세입자들에게 인상을 요구하는 것일 수도 있다.

 하나의 상권에서 건물은 상권 속의 작은 상권이다. 많은 손님이 오고 가며 상권이 활기를 띠고 건물의 가치가 올라가는 데는 임차인들도 분명 기여하고 있다. 이렇게 측정할 수 없는 임차인들의 기여도를 고려해 줬으면 하는 바람이 있다. 당구장이 문을 닫은 후 밤이면 불이 꺼진 2층과 3층을 보며 건물이 스산하고 썰렁하게 느껴지는 건 나만 그런 걸까. 아마도 건물 앞을 지나가는 사람들 모두 느끼지 않을까.

자영업자의 하루

 우리 가게는 새벽 3시까지 영업한다. 영업시간이 지나도 손님을 내보내진 않으니 새벽 4시에 문을 닫는 날도 있다. 손님이 가고 가게를 정리한 다음 집에 도착하면 새벽 4시에서 5시쯤이다. 대부분 깊이 잠이 든 시간이라 집 근처 도로에는 자동차도 없고 거리에 사람도 없다. 새벽에 집으로 돌아가는 길에서 인류가 멸망한 다음 도시에 남겨진 SF영화 속 마지막 생존자 같다는 생각을 가끔 한다.

 집에 들어오면 종일 몸에 밴 땀 냄새와 튀김 기름 냄새를 씻어낸다. 그러곤 퇴근하고 읽으려고 스크랩해 둔 뉴스 기사나 그날 아침에 새로 나온 기사를 읽기도 하고 인터넷 커뮤니티를 돌아다니며 어제 사람들이 무슨 이야기를 했는지 살펴본다. 알고리즘 탓인지 구글에 들어가면 자영업자에 관한 기사들이 주로 나오는데, 배민과 관련된 논란들, 그리고 자영업자가 위기라는 기사들이 대부분이다. 장사를 하기 전에는 슬쩍 보고 넘겼겠지만 지금은 내 이야기인 것처럼 꼼꼼히 읽는다. 다른 자영업자의 안타까운 이야기에 함께 아파하고, 플랫폼 기업의 횡포에는 함께 분노하게 되었다. 역시 직접 경험해야 느끼고 알 수 있는 법이다. 경험이 없는 자의 동정과 경험한 자의 공감은 분명 그 온도가 다르다.

그러다가 오전 6시가 다 되어서 잠이 드는데, 길게 자지는 못하고 2시간 정도 자다가 8시 전에 한 번 일어난다. 그 이유는 부모님이 출근하시기 때문이다. 부모님은 아침에 출근하셔서 오후 6시쯤 집에 오시는데, 나는 오후 4시에 집을 나서 새벽에 들어오기 때문에 같은 집에 살아도 얼굴 마주칠 일이 없다. 최소한 살아 있다는 생존 신고라도 하려는 의도도 있고 또 서른 살 넘어 부모 집에 얹혀사는 아들이 부모님 출근하실 때도 자빠져 자는 게 괜히 눈치도 보이고 해서 부모님이 출근하시기 전까지는 일어나 있으면서 TV 뉴스를 보거나 한다.

그러곤 다시 잠자리에 든다. 기상 시간은 오후 1시에서 2시 사이인데, 만약 점심 약속이 있다면 오전 11시에 일어나야 한다. 낮에 일하는 사람들에게 점심시간인 12시는 일어나서 한참 지난 때이지만 나의 신체 리듬상으론 새벽 5시 정도이다. 밥 약속 때문에 거의 새벽 다섯 시에 일어나는 셈이다. 그래서 꼭 만나야 하는 사람이 아니라면 점심 약속은 완곡히 거절하고 잘 잡지 않는 편이다.

그렇게 오후 1시쯤 나의 하루가 시작된다. 장사 초반에는 몸에 익숙하지 않아서 오후 4시에나 일어났으나 요즘은 몸에 익었는지, 운동하는 덕분인지 전보다 일찍 일어나는 편이다. 1주일에 최소한 이틀은 헬스장에 가서 근력 운동을 하고 15분 정도는 러닝머신을 뛴다. 날씨가 좋으면 근력 운동 없이 30분 정도 동네를 달리기도 한다. 운동하고 나면 그 자체로도 보람을 느끼기 때문에 하루를 알차게 보냈다는 생각이 든다. 운동이 끝나면 가게로 향한다. 가게에 도착해서는 1층 카페에 가서 아이스 아메리카노를 마시며 노트북으로 뉴스를 보거나 책을 읽는다. 때때로 피아노 연습실에 가기도 한다.

가게는 오후 5시 30분부터 영업한다. 그래서 4시 30분에는 가게에 도착해야 한다. 식자재 업체에서 배송해 준 식자재를 정리하고 대파와 양파 그리고 양배추와 같은 채소를 손질하고 해산물을 흐르는 물에 해동한다. 마지막으로 돼지고기를 손질하고 나면 아르바이트생이 출근한다. 아르바이트생에게 저녁밥을 먹이고 간단한 청소를 한 다음에는 손님이 오길 기다린다.

2023년 9월 13일
집 근처 카페 사장이 내 휴대폰 번호 뒷자리를 외운 듯하다. 내가 들어오면 아이스 아메리카노를 준비하고 적립까지 한다. 커피가 나오기 전까지 카페를 둘러봤다. 술집은 몸이 힘든데 카페는 할 만한가 생각을 했다. 출근하기 직전, 평일 주말 없이 하루 한 잔 같은 시간에 테이크아웃을 한다. 원래 커피를 좋아하지 않았으나 어느 순간부터는 출근하기 전에 커피를 마시는 게 습관이 되었다. 아이스 아메리카노 한 잔을 마시자마자 혈액 순환이 잘되는 것 같은 느낌이 든다.

우리 가게뿐만 아니라 대부분 술집은 저녁 8시가 넘

어야 손님이 들어오기 시작한다. 오픈하는 5시 30분쯤에도 손님이 가끔 들어오긴 하지만 8시는 되어야 본격적으로 장사가 시작된다. 그래서 오픈 준비를 끝내고 나면 1시간 정도 시간이 비는데 가게에서 휴대폰으로 뉴스를 보기도 하고 손님이 한 테이블도 없을 때는 가게 밖으로 나가 걷거나 바로 앞 공원 벤치에 앉아 이런저런 생각을 하면서 시간을 보낸다. 앉아서 무슨 대단한 생각을 하는 건 아니고 저녁 메뉴를 고민하거나 이번 달 매출은 얼마였는지 장부 앱을 들여다보기도 하고, 그러다가 계속 장사를 하는 게 맞는지 아니면 취업하는 게 나을지 고민도 한다. 그렇게 시간을 보내다 아르바이트생이 카톡으로 손님이 왔다고 알려주면 얼른 가게로 돌아간다.

테이블마다 손님들이 차기 시작하면 그때부터 주방으로 들어가 주문받은 안주들을 만들기 시작한다. 안주들은 만들 때마다 맛이 같도록 정형화를 해놨다. 장사 초반에는 감으로 간을 맞추면서 요리했지만 그건 망하는 자영업자의 전형이라는 걸 〈백종원의 골목식당〉을 보고서 알게 된 이후로 고쳤다. 또 음식을 예쁘게 담는 건 고급 레스토랑에서나 하는 일이라고 생각했었지만 손님들이 나온 음식들의 사진을 찍어 SNS에 올리는 걸 본 다음에는 최대한 예쁘게 담고, 파슬리 같은 고명을 뿌리기도 한다. 물론 예쁘게 담는다고 해봤자 짬뽕탕에 해물이 숨어 있지 않고 위에 잘 보이게 올려놓거나 김치찌개 위에 대파를 썰어 올리는 정도지만 말이다.

오는 손님들을 받고 안주를 만들고 테이블을 치우는 것을 반복하다 보면 금방 자정이 넘어간다. 그때부터는 새로운 안주 주문이 거의 없다. 우리 가게는 술이나 음료수를 직접 손님들이 가져가는 방식이어서 안주 주문이 들어오지 않으면 별로 할 일은 없다. 그래서 자정이 지나 할 일이 없어지면 가게 밖으로 나가 몇 시간 동안 주방에만 있던 답답함을 풀어내면서 스트레칭도 하고 그동안 못 본 새로운 뉴스가 있는지, 단톡방에 재밌는 이야기가 오갔는지 살펴보거나 미처 하지 못한 답장을 보내면서 가게 닫을 시간을 기다린다.

대부분 자영업자가 그렇듯이 나도 매일 똑같은 하루를 보낸다. 월요일부터 일요일까지 매일 같은 시간에 가게를 열고 10시간 넘게 똑같은 일을 반복하다가 문을 닫는 반복적인 생활을 이어간다. 예전에는 제대로 쉴 수도 없고 취미 생활을 할 만한 여유도 없는 매일같이 반복되는 일상에 지치기도 했다. 그러나 지금은 익숙해진 탓일까, 오히려 예상대로 그리고 하던 대로 흘러가는 하루를 별 탈 없이 지나가는 일상으로 받아들이게 되었다. 당장 가게 문을 닫을 게 아니라면 이게 정신 건강에 좋다.

벼룩시장은 24년 5월 전국의 자영업자 658명을 대상으로 자영업 경영 환경에 대해서 조사한 결과를 발표했다. 자영업자로서 삶의 만족도는 5점 만점에 2.7점으로 다소 낮은 것으로 조사됐다. 자영업자로서의 삶이 만족스럽지 않은 가장 큰 이유는 일정하지 않은 소득(46.8%)이었으며, 불안정한 경영 환경(15.9%) 높은 노동 강도(15.2%) 시간 여유 부족(14%) 순으로 이어졌다. 자영업자는 하루 평균 9.8시간을 일하고 있었고 음식점과 숙박업이 11.5시간으로 가장 많은 시간 일하고 있다고 한다. 월평균 휴무일은 1.9일이라고 조사되었고 정기 휴무일이 있냐는 질문에 '없다'는 답변이 29%로 가장 많았다.

· · · ·
가지치기

스물셋에 병역을 마치고 앞으로 뭘 해야 할까 고민하던 시기가 있었다. 대학에 다니던 중이라면 대부분 복학하겠지만 나는 대학에 별 뜻이 없어 자퇴한 상태라 돌아갈 학교도 없었다. 그러는 사이 다시 대학에 가야겠다고 생각하게 됐고 막 수능 공부를 시작하려던 참이었다. 당시 나는 가진 돈도 별로 없었고 우리 집은 수험생활을 지원해 줄 여력이 없었기 때문에 아르바이트라도 하면서 공부해야 했다.

아르바이트 모집 사이트에서 적당한 곳이 없나 찾던 와중에 학사의 야간 사감을 구한다는 공고를 보게 되었다. 학사는 서울역 북부의 중림동에 있었고 근처의 재수

학원인 종로학원에 다니려고 지방에서 올라온 재수생들에게 숙식을 제공하는 사설 기숙사 같은 곳이었다. 야간 사감의 일은 저녁 10시부터 아침 6시까지 1층 사무실에서 학생들의 출입을 관리하고 업무를 보는 것이었다. 업무는 학생들을 깨우거나 밤새 일어난 일을 처리하는 정도였다. 업무 강도가 약해 월급은 적었지만 인터넷 강의를 듣고 문제집을 살 정도는 되었다. 게다가 숙식을 제공하고 야간에는 업무가 별로 없어 공부하면서 근무할 수 있다는 사실에 서둘러 지원했고 운이 좋게도 나는 학사의 야간 사감으로 일하게 되었다.

언젠가 나는 학사 근처를 산책하다 바로 옆 작은 꽃집에서 매화나무를 파는 것을 보게 되었다. 매화나무 화분은 손바닥만 한 크기였는데, 우아하고 아름답게 핀 매화꽃을 보고 마치 뭐에 홀린 것처럼 그 자리에서 8,000원을 주고 사버렸다. 나는 매화나무를 사무실에 두고 새벽 근무 시간에 가만히 앉아 매화꽃을 감상하곤 했다. 그때까지는 꽃을 보고 아름답다거나 매력 있다고 생각한 적이 없었는데 어느 순간 매화꽃에 빠져 새벽에 보고 있자면 졸리고 힘든 것도 잊을 정도였다.

시간이 흘러 나의 매화나무에도 새로운 가지들이 나기 시작했고 마치 대나무처럼 쑥쑥 자라는 가지들의 모습에 신기했다. 그런데 어느 날 학사의 관리소장-건물을 지을 때 인부로 일하다가 건물을 짓고 나서 원장의 요청으로 관리를 맡게 되었다고 한다-할아버지가 매화나무에 새로 난 가지는 자르는 게 좋겠다고 했다. 나는 잘 자라고 있는 매화의 새로운 가지들을 자를 필요가 있는지 의아했지만 관리소장은 그래야 쓸데없는 곳에 양분을 낭비하지 않아 다음 꽃이 잘 피게 된다며 자기가 가지를 쳐주겠다고 했다. 나는 나무 키우는 데는 아무런 지식이 없었기 때문에 관리소장에게 나의 작고 소중한 매화나무를 맡겼다. 결국 새로 난 푸른 가지들이 잘린 나무는 내가 처음 사 왔던 모습으로 돌아갔다. 그 이후에 나는 어설픈 솜씨나마 가지치기하면서 매화나무를 잘 길렀다.

 시간이 흘러 수험 생활이 끝나고 대학에 입학하면서 학사의 사감 일을 그만두게 되었다. 1년 동안 내가 애지중지 키운 매화나무도 자취방으로 옮겼다. 그러다 대학에 입학하고 봄이 되자 매화나무는 어김없이 아름다운 매화꽃을 피웠다. 가지치기했던 덕분이었을까. 매화꽃은 더 선명한 분홍색으로 피어났다. 필요한 걸 얻기 위해서는 과감히 잘라내야 할 때도 있다는 것, 가지를 친다는 것은 원래 있는 것의 내실을 키우는 과정이라는 것을 알게 됐다. 학사에서 일하면서 참 유용한 기술을 하나 배웠다고 생각한다. 그 이후에도 난을 선물 받은 적이 여러 번 있는데 새로 난 잎들의 일부는 정리하면서 5년이나 잘 키우고 있으니 모두 그때 익힌 가지치기 덕분이다.

가지치기는 나무를 기르는 데만 필요한 게 아니라는 걸 알게 된 것은 장사하고 나서 몇 년이 흐른 다음이었다. 대부분 처음 가게를 연 사람들은 계속해서 새로운 걸 만들거나 기존에 있는 걸 바꾸려고 한다. 인테리어를 조금씩 손보기도 하고, 손님들의 선택권을 넓힌다는 이유로 여러 가지 메뉴를 추가하기도 한다. 나도 그랬다. 장사가 안될수록 이런 경향은 더욱 심해지는데, 우리가 흔히 고깃집에서 제육볶음을 팔거나 보리밥집에서 돈가스를 파는 걸 보게 되는 이유다.

그런데 시간이 지나면서 가게가 자리를 잡고 안정적으로 운영되면 새로운 변화보다는 원래 있었던 것들의 내실을 키우는 것에 집중하게 되는 때가 온다. 손님들에게 익숙한 맛을 변함없이 이어가기 위해 레시피를 지키는 일, 식자재의 신선도를 유지하고 사용하는 일 같은 것들이다. 100년 가게라고 불리는 오래된 가게일수록 원래 있던 것을 잘 유지하는 게 중요하다는 사실을 알게 되면서부터 나도 우리 가게를 돌아보게 되었다. 물론 누군가는 변화하지 않으면 도태된다고 하겠지만 발전과 변화는 다르다. 물론 마케팅이나 편리한 기계를 들여놓거나 하는 발전은 필요하다.

한때 우리 가게의 메뉴판에는 40개 가까운 온갖 메뉴들이 난잡하게 즐비했다. 지금 생각해 보면 도대체 왜 그랬을까 싶으면서 그때의 가게 모습이 부끄러워 괜히 웃음이 난다. 정말로 이도 저도 아닌 가게였다. 다른 가게에서 파는 것을 그대로 따라 한 것이 대부분이었고 그냥 내가 좋아하는 걸 추가하기도 했다. 아니면 기존 메뉴의 식자재를 활용할 수 있어서 추가한 메뉴도 있었다. 손님이 계란 프라이와 셀프 주먹밥을 찾으면 메뉴에 추가하고 황도를 찾으면 메뉴에 황도 화채를 넣었다. 지금이라면 그냥 편의점에서 사 와서 먹으라고 할 텐데 그때는 그 메뉴들이 필요한 줄 알고 마구잡이로 메뉴판에 넣었다.

그러다 보니 식자재의 개수가 하나둘씩 늘어나고 냉장고는 빈 곳이 없을 정도로 가득 찼다. 메뉴가 많으니 가게가 바쁠 때면 레시피를 헷갈려 조리 순서가 뒤죽박죽이었고 맛과 간은 제각각이었다. 나도 헷갈렸으니 아르바이트생들은 오죽했을까. 장사가 처음이었으니 어떻게 가게를 운영하고 메뉴는 어떻게 정리해야 하는지 전혀 알지 못했다. 그때 나는 너무 지쳐 있었다. 그러다 어느 날 〈백종원의 골목식당〉을 보게 되었다. 장사 초반에는 이 프로그램에서 여러 가지 장사의 기본적인 것들을 배웠다. 어느 편에서 백종원 씨가 가게 주인에게 산만한 메뉴판을 정리하고 가게에 맞는 메뉴들만 남기라고 조언한 적이 있다. 마치 나에게 하는 말 같았다. 분산보다 집중, 필요 없는 것은 과감하게 없애야 한다는 것을 깨달으면서 동시에 내 방 창문에 놓인 가지가 잘 정리된 매화나무가 보였다. 그때 나는 가지치기를 떠올렸다.

결국 나는 학생들에게 무엇을 내세울 건지, 학생들이 우리 가게를 생각할 때 어떤 메뉴가 떠오르도록 할지 고민한 끝에 메뉴들을 줄여나가기 시작했다. 지금은 그때보다 메뉴가 절반이나 줄어들었고 남아 있는 메뉴들은 어느 정도 통일성을 갖추게 되었다. 흔히 가게를 운영하면서 많이 하는 실수는 어떤 게 중심이고 본체인지 잊는 것이다. 새로운 걸 키우는 것보다 원래 있던 것에 집중하고 내실을 키우는 장사의 기본이 나무를 더욱 단단하게 하려고 새로 난 필요 없는 가지를 치기 것과 다르지 않은 셈이다. 그래서 나도 하던 거나 잘하기로 했다.

자영업자도
국민인데요

 나는 자영업자와 소상공인이 우리 사회에서 너무나도 푸대접받고 있다고 생각한다. 특히 관료들에 의해 좌지우지되는 정책에서 더욱 그렇다. 자영업자·소상공인은 600만 명이 넘는 실물경제의 중요한 주체임에도 정부는 항상 걱정은 하되 팔짱만 끼고 있는 것 같다. 그러다 보니 자영업자와 직접적으로 연관된 정책들은 자영업자에게 전혀 도움이 되지 않거나 되려 피해를 주는 방향으로 결정되기에 십상이다.

 공휴일과 주말 사이에 평일이 하루 끼어 있을 때 정부에서 임시공휴일을 지정할 때가 있는데 이럴 때 단골로 내세우는 이유는 내수 진작이다. 그런데 길어진 연휴에 텅 빈 거리를 볼 때면 도대체 어느 자영업자에게 도움이 되는지, 어떻게 내수 진작이 되는지 궁금해진다. 내수 진작이란 말을 하지 말고 차라리 "며칠 푹 쉽시다."라고 했으면 얄밉지는 않았을 것 같다.

올 설 연휴는 임시공휴일 지정으로 3일이었던 휴일이 최대 9일로 늘어났다. 그런데 연휴 동안 인천공항 이용객 숫자가 200만 명을 넘었다고 하니 내수 진작이 아니라 외수 진작에 기여한 것 아닌지 의문이다. 공무원과 직장인에게 임시공휴일은 쉬는 날이 하루 더 생기는 것이지만, 자영업자에게는 하루 매출을 공치는 것을 의미한다. 언제나 그렇듯 정부 정책은 자영업자가 아닌 임금 근로자 중심인 것이다.

사실 임시공휴일 지정으로 유발되는 경제적 효과에 대한 공식적인 근거는 없다. 민간 연구소인 현대경제연구원이 2020년 보고서를 통해 생산 유발액 4조 2,000억 원, 부가가치 유발액은 1조 6,300억 원에 이른다고 밝혔으나, 내용을 들여다보면 눈에 보이는 수치와 실상은 다르다는 것을 알 수 있다.

구체적으로 살펴보면 여행업계는 해외여행 수요 증가에 따라 매출이 증가할 것이고, 연휴 때 매출이 평소보다 2배~3배 이상 올라가는 백화점과 대형마트 등 유통업계도 수혜를 입을 것이다. 국내 관광지의 숙박업과 요식업계 역시 매출이 많이 늘어날 것이다.

반대로 직장인이 많은 오피스 상권에서 장사하는 자영업자들은 공휴일마다 매출이 급감하는데, 임시공휴일까지 지정되면 매출 감소는 더 심해진다. 동네 골목상권도 마찬가지이다. 임시공휴일에는 유동 인구가 줄어들고 그만큼 매출 감소로 이어진다. 연휴가 길어진 만큼 국내외 여행을 더 길게 가게 되므로 타지에서의 소비는 늘어나지만 연휴가 끝나고 돌아온 후 소비 여력은 줄어들게 된다.

우리 가게도 마찬가지이다. 이번에는 설 연휴를 포함해 최대 9일의 매출이 통으로 사라지기 때문에 임시공휴일 지정이 마냥 달갑지만은 않다. 가게를 열어도 손님이 없으니 이참에 쉬자고 생각해 보지만 몸은 쉬어도 마음은 쉬는 게 아니다. 또 카드 매출에 대한 입금이 늦어지는 것도 문제이다. 연휴 중간에 평일이 하루라도 있으면 그날 카드 대금이 들어올 텐데 1주일 내내 빨간날이면 카드 대금은 연휴가 다 끝나고 나서야 입금된다. 당장 현금이 급한 자영업자들에게는 막막한 일이다.

 나도 장사를 하기 전까지는 임시공휴일이 생기면 마치 횡재한 것처럼 좋아했다. 하지만 이제는 더 이상 임시공휴일이 반갑지 않다. 자영업을 하지 않는 사람들이 자영업자의 어려움을 머리로 이해할 수 있어도 온전히 공감하기는 쉽지 않다. 나도 그랬다.
 그래서 나는 정치인들이 명절에 전통시장에 가는 것을 나쁘다고 생각하지 않는다. 시장 상인들과 소통하고 그들의 고충을 들으려는 최소한의 노력이기 때문이다. 하지만 경험 없는 자의 동정과 경험한 자의 공감은 다르다. 정책 결정권자들이 다양한 사람들의 의견을 듣고 정책에 반영하는 노력을 해주기를 바랄 뿐이다.

 결혼할 나이가 되어서일까. 요즘 나는 저출생 문제에 관심이 커졌다. 그런데 자영업자는 저출생 문제 해결을 위한 정책에서도 소외되고 있다. 2024년 합계출산율이 0.72명으로 역대 최저치를 기록하자 정부는 2024년 3월 출산과 육아 정책을 내놓았다. 육아휴직 급여의 확대, 임신기 근로시간 단축, 부모 급여의 증액 등으로 이는 모두 고용보험에 가입된 임금 근로자만을 위한 정책이다. 자영업자와 소상공인은 전혀 염두에 두지 않았다고밖에 볼 수 없다. 부모육아휴직제를 확대하고 직장어린이집 지원금을 비과세로 하는 등 이전에 추진했던 정책들도 임금 근로자에게 해당하는 것들뿐이었다. 국가의 존망이 걸린 저출생 대책에서도 600만 자영업자들은 소외되고 있다.

임신이나 출산 계획이 있는 자영업자들은 대부분 가게를 정리하고 양도한다. 사장을 대신해 사장처럼 가게를 도맡아 운영하는 사람은 없을뿐더러 가게를 휴업하면 직원들이 일을 그만두어야 하는 문제가 생기기 때문이다.

2024년 국회의원 선거 과정에서 한동훈 국민의힘 선거대책위원장은 자영업자 육아휴직 도입을 공약으로 내걸었다. 나는 그가 자영업자에게 관심이 있었나 싶어 공약의 내용을 찾아봤다. 이제껏 정치권에서 아무도 관심을 가지지 않았던 문제였기 때문에 한편으론 놀라기도 했다. 그러니 공약을 찾아보니 현실을 전혀 모르는 즉흥적인 수준의 내용이어서 "그럼 그렇지."라고 생각할 수밖에 없었다. 자영업자 육아휴직이라는 파격적인 정책을 고용보험 가입률이 0.7% 수준인 자영업자에게 어떻게 제공할지는 미지수였기 때문이다. 현실에서 육아휴직은 고용보험에 가입한 프리랜서도 사용하지 못하고 있는데 말이다. 심지어 자영업자의 고용보험 가입률이 낮은 이유조차 모르는 듯했다. 결국 1시간 후 국민의힘은 공식 입장을 통해서 공약을 주워 담기에 이르렀고 이후 사실상 폐기되었다.

프랑스에서는 임금 근로자와 자영업자 모두에게 육아휴직과 출산 휴가 급여를 지급하고 있다. 고용보험기금에서 지출하는 우리나라와 달리 프랑스에서는 건강보험과 가족수당기금을 활용한다. 이는 독일도 마찬가지이다. 한발 나아가 스웨덴은 임금 근로자와 자영업자를 포함해 구직자와 학생까지 포괄적으로 지원하는데 별도의 사회보험인 부모보험을 따로 만들어 재원을 충당한다. 기술 발전과 사회 구조가 변화함에 따라 고용형태는 갈수록 복잡해지고 있다. 1995년 설계된 고용보험을 기반으로 한 지금의 제도는 더 이상 원래 취지인 '일하는 사람의 생활 안정'을 빈틈없이 보장하지 못

한다. 사회보장 체계를 전반적으로 다시 살피고 설계할 때가 왔다.

나는 관료들이 중요한 결정을 할 때 다양한 분야에 미칠 영향을 심도 있게 고려해 주기를 바란다. 새로운 정책이 미치는 영향력은 엄청나다. 한 예로 국민권익위원장이었던 김영란 위원장의 이름을 딴 김영란법 즉 '부정청탁 및 금품 등 수수 금지에 관한 법률'은 과거 부정한 거래가 만연하던 우리 사회를 한 단계 더 깨끗하고 나은 곳으로 만들었다고 생각한다. 김영란법은 적용 대상자를 비롯해 금액까지 정해서 부정한 청탁을 원천 금지하면서 그동안 관행으로 여겨왔던 악행들의 고리를 끊었다. 이른바 '3-5-10만 원(식사 3만 원, 선물 5만 원, 경조사비 10만 원)'으로 불리는 상한액은 이제 우리 사회에서 상식이 되었다. 김영란법 이후에 50만 원, 100만 원의 고급 선물 세트를 주고받으며 이권을 청탁하고 받는 일은 현저히 줄었을 것이다.

하지만 아쉬운 점도 있다. 처음 법을 설계할 때 세심하게 살피지 못하고 놓치지 않았나 하는 것들이다. 나는 김영란법을 설계한 사람 중 누구도 김영란법이 스승의 날 카네이션 선물을 금지할 것을 예상하지 못했을 거로 생각한다. 김영란법의 여파로 동네 꽃집과 학교 앞 문방구들은 1년에 며칠 안 되는 특수가 사라졌고 전체 화훼 농가의 매출이 줄면서 화훼 산업의 규모도 작아졌다. 스승의 날에 고가의 선물을 주는 것을 두고 학부모의 고민과 부담이 없어진 것은 다행이지만 카네이션에도 적용되어야 하는지는 의문이다. 얼마 후 정부는 '김영란법(청탁금지법)'상 선물 가격 범위를 완화해 농수산물의 선물 가격 상한을 상향했다. 처음에 10만 원이던 선물 상한액은 15만 원으로, 다시 20만 원에서 30만 원으로 상향됐다. 농·축·수산물 소비 진작을 위해서였는데 김영란법도 완벽하지 않다는 방증일 것이다.

"우문현답"이라는 말이 있다. 어리석은 질문에 현명한 답을 한다는 뜻의 고사성어인데 공직자들 사이에서는 "우리의 문제는 현장에 답이 있다."라는 의미로도 쓰인다. 동시에 고위 공무원이나 정치인들이 적극 행정을 외치며 현장에 방문해 민원을 들었다는 기사는 매일 쏟아져 나온다. 하지만 실제로 현장에서 가감 없는 목소리를 들은 건지는 잘 모르겠다. 보좌진들이나 실무자가 잘 짜놓은 각본대로 그 자리에 있었던 것 아닐까. 현장에서는 정말 있는 그대로 이야기했을까.

코로나가 한창인 2021년 6월. 손님이 없을 게 뻔했지만 나는 장사할 준비를 하고 있었다. 가게 조명을 켜고 채소를 손질하고 튀김기의 전원을 눌렀다. 그런데 튀김기는 '오류코드 11'이라고 뜬 화면만 켜진 채 작동하지 않았다. 나는 튀김기가 고장 나 생돈 나갈까 걱정하며 튀김기 제조사 홈페이지에 들어가 '오류코드 11'을 검색했다. 알고 보니 '오류코드 11'은 가스 공급이 되지 않아서 발생하는 오류였다. 가스가 나오는지 확인하려 가스레인지를 켰으나 불은 붙지 않았다. 가스가 끊긴 것이다. 잠시 후 휴대폰 진동이 울려 문자를 확인해 보니 요금이 3개월이나 밀렸다는 것과 요금이 3개월 미납되면 가스 공급을 중단한다는 내용이었다. 3개월간 미납된 요금은 1만 30원이었다. 착잡했다.

가게 매출이라고 해봤자 하루에 한 테이블이나 오면 다행이던 때라 가스요금뿐 아니라 전기요금 그리고 얼마 안 되는 부가세와 종합소득세 심지어는 가게 월세도 밀리고 있었다. 휴대폰 요금은 밀리다 못해 채권추심회사에서 미납 요금을 내지 않으면 소송당할 수 있다는 안내문이 왔다. 신용카드도 연체되어 카드 대금을 납부하지 않으면 꼼짝없이 신용불량자가 될 판이었다. 그때 1만 30원은 내게 100만 3,000원처럼 느껴졌다. 한마디로 벼랑 끝에 내몰린 상태에서 가스가 안 나오면 가게를 닫아야 하니 여간 위기가 아니었다.

 나는 곧바로 휴대폰을 열고 그나마 사정이 괜찮은 선배에게 돈을 빌렸다. 겨우 몇만 원 정도였다. 빌린 돈으로 가스요금 1만 30원을 내고 가스회사에 전화했더니 잠시 후 가스회사 직원이 와서 다시 가스를 사용할 수 있게 해주었다. 단돈 1만 원을 못 내서 하마터면 한동안 가게를 닫을 뻔했다는 사실에 여러 감정이 들었다. 슬프기도 하고 우울하기도 하고, 어쩌다 내가 놓인 처지가 이렇게 되었는지 허탈하기도 했다. 나와 같은 상황에 놓인 사람이 한둘이 아닐 거라는 생각도 했다. 코로나로 모두가 어려웠고 특히 자영업자들이 영업시간까지 제한당하며 버텨야 했던 시기에 가스요금을 미납했다고 가스 공급을 끊어야 했을까. 코로나라는 특수한 상황에서 가스 공급 중단을 유예해 주는 일은 충분히 시행할 수 있는 정책 아니었을까.

2022년 말 겨울을 앞두고 윤석열 정부는 가스비를 인상했다. 이것으로 가스비는 1년 사이 40% 정도 급등한 셈이었다. 대부분 가정에서는 오른 가스요금에 깜짝 놀라고 다가올 겨울을 걱정했다. 특히 생계가 어려운 사람들에게 그해 겨울은 어느 때보다 추운 겨울이 될 것이 분명했다. 나는 가스요금을 못 내 가스가 끊긴 일이 떠올라 야당인 민주당의 누군가에게 의견을 보냈다. 그 내용은 정부에 가스요금을 분납할 수 있게 제안할 것, 나아가 윤석열 정부의 가스비 사태 방관에 대비해서 민주당 소속의 시군구 기초자치단체와 협의한 다음 예비비 편성으로 난방비를 지원하는 것이었다. 이후 민주당의 이재명 대표는 난방비 폭탄 단체장·의회 간담회를 열었고 파주, 광명, 화성 등 민주당 소속의 단체장들이 난방비를 지원하기로 했다. 정책을 만드는 이들이 국민의 요구에 민감하게 반응할 때 결과가 얼마나 달라질 수 있는지 알 수 있는 사건이었다.

권력을 가진 사람들의 결정은 신중해야 하고 동시에 신속해야 한다. 국민의 생계와 직결된 문제는 특히 더 그렇다. 조금씩 양보하더라도 신속하게 결정해야 한다. 요즘 논쟁이 되는 **추가경정예산**과 민생지원금 문제가 신속한 결정이 필요한 대표적인 예이다. 한쪽에선 위기의 골목 상권을 위해서, 그리고 내수와 소비 진작을 위해 하루라도 빨리 전 국민에게 사용 기한과 사용처 매출 제한이 있는 25만 원의 지역화폐를 지급하자고 한다. 누군가는 상위 20%나 30%는 제외하고 주자고 한다. 반대하는 쪽에서는 내수 진작을 위한 정책은 세금 낭비라고 한다. 이렇게 권력을 가진 이들이 생각의 차이를 좁히지 못하는 사이 시간은 흘러서 지역화폐를 위한 법안 통과 및 예산 수립은 동력을 잃게 되었다. 그러는 동안 매일 골목 상권의 수백 명의 자영업자는 폐업을 결정하고 내수경기는 나빠지고 있다. 한시가 급한 일들에 관해서는 서로 다른 편에 있더라도 생각을 하나로 모아주길 간절히 바란다.

· · · ·
글로벌 달달포차

 가게에 일찍 출근한 어느 날, 청소를 하고도 시간이 남아 바로 앞에 있는 대학 캠퍼스를 산책하고 있었다. 안산에 있는 한양대 에리카 캠퍼스는 크기도 크지만 호수 공원도 있고 잘 꾸며져 있어서 산책할 만한 곳들이 많다. 나는 가게에 일찍 출근할 때면 커피를 사서 캠퍼스를 산책하곤 한다. 지나가는 학생들을 보면서 어쩌면 우리 가게 손님이 아닐까 생각하거나 아는 학생들을 만나면 인사도 하고 가게에 와달라고 영업도 한다. 외국인 유학생들도 많이 눈에 띄었는데, 대강 둘러봐도 열에 한두 명은 유학생으로 보였다. 대학교에 유학생이 원래 이렇게 많았나 의아할 정도였다.

하루는 학교 안에 있는 은행에 갈 일이 있어서 가게를 나섰다. 은행이 있다는 건물에 도착했으나 도대체 어디에 은행이 있는지 몰라 한참을 헤매고 있었다. 그러다가 지나가는 학생에게 은행이 어디에 있는지 물었는데, 그 학생은 잠깐 멈칫하더니 서툰 한국어로 어디로 가면 되는지 나에게 손짓해 가며 설명해 주었다. 한국인 학생인 줄 알고 말을 걸었던 건데 말하는 걸 보니 몽골이나 중국 학생 같았다. 유학생이 많을 거라 짐작은 했으나 유학생인 줄 알아차리지 못할 만큼 한국인과 외모가 비슷한 아시아의 유학생들까지 포함하면 내가 생각했던 것보다 유학생 수가 훨씬 많겠구나 싶었다.

2024년 10월 14일
한국말을 어느 정도 하는 중국 유학생들이 왔다. 개중에는 한국말을 정말 잘하는 학생도 있어서 깜짝 놀랐다. 여섯 명이 왔는데 안주를 정말로 많이 시켰다. 술은 맥주 몇 병만 시켰다. 아마 저녁 식사를 위해 온 듯하다. 마라탕과 유린기도 주문했는데 중국 학생들에게 중국 음식을 주려니 왠지 긴장이 되었다. 그래도 남김 없이 먹어서 다행이었다. 집에서 지원을 많이 받는지 안주를 거친

없이 주문한다. 여섯 명이서 15만 원이 나왔다. 감사한 마음에 학생들이 계산할 때 나는 중국어로 고맙다는 말인 '씨에씨에'라고 말해줬다.

나는 곧바로 가게로 돌아와 학교 홈페이지에서 통계를 찾아봤고 결과는 내 예상과 같았다. 한양대 에리카 캠퍼스의 재학생 숫자는 2019년 9,023명이었고 그중에 외국인 유학생은 516명이었다. 2023년에는 재학생 1만 404명에 외국인 유학생은 2,102명이었다. 한국 학생들은 2019년 8,507명에서 2023년 8,302명으로 약간 줄어든 반면에 외국인 유학생은 1,500명 가까이 늘어난 것이다. 유학생이 2,102명이라니. 생각보다 많은 숫자에 놀람과 동시에 외국인 유학생들도 술을 마시긴 할 텐데 도대체 어디로 마시러 갈까 하는 생각이 들었다.

해가 바뀔수록 요즘 학생들은 술을 잘 안 마신다는 걸 체감한다. 코로나를 거치며 무작정 과음하던 시대는 끝났다. 소주와 맥주로 대표되던 주류 소비는 와인과 위스키 그리고 전통주 등으로 다채로워졌다. 동시에 회식이나 모임 자리는 줄어들고 집에서 술을 마시는 소위 '홈술' 문화가 널리 퍼졌다. 예전에는 집에서 술을 마시면 집에서까지 술을 마시냐며 알코올중독처럼 취급하는 따가운 시선이 있었는데 코로나가 술 문화까지 바꿔버린 것이다.

코로나를 겪으며 대학교의 술 문화도 바뀌었다. 부어라 마셔라 하는 문화는 사라지고 대부분이 자기 주량껏 적당히 마시게 되었다. 이따금 학교를 오래 다닌 고학년 학생들은 "요즘 애들은 술을 많이 안 마신다."라며 쓸데없는 주량 자부심을 늘어놓거나 한탄을 쏟아냈다. 전반적으로 술을 마시는 학생들이 줄어들었을 뿐만 아니라 그나마 술을 마시는 학생들도 예전보다 덜 마시는 문화가 자리 잡은 건 술집을 하는 나에겐 큰 문제였다. 그런 고민을 하는 와중에 외국인 유학생이 돌파구가 될 수 있다는 생각이 머릿속을 스쳤다.

가게 앞 대학교의 외국인 유학생 숫자가 생각보다 많다는 걸 알게 된 나는 어떻게 하면 외국인 유학생에게 우리 가게가 있다는 사실을 알려서 가게로 오게 할까 고민했다. 만국기라도 달아놓을까 고민하던 중에 1층 입구에 있는 사용하지 않는 간판을 활용하기로 했다.

그 간판은 내가 설치한 건 아니고 12년 전에 있던 다른 가게에서 설치했다가 폐업하면서 놔두고 간 것이었다. 수명이 다해 꺼진 간판의 형광등을 교체하고 새롭게 디자인한 필름을 붙이니 제법 그럴싸했다. 간판에는 식당과 주점이라는 의미의 중국어를 번역해 넣었다.

새로운 간판의 효과는 바로 나타났다. 1주일에 두세 팀은 중국인 학생들이 들어오는 게 아닌가. 신이 난 나는 거기서 멈추지 않고 외국인 유학생들이 모이는 친목 모임이라도 있을 거로 생각해 여기저기 수소문했다. 그러다 아르바이트생에게 나의 고민을 이야기했는데 곧바로 캠퍼스 안에 한국 학생들과 외국인 유학생들이 서로 언어와 문화를 교류하는 동아리가 있다는 사실을 알게 되었다.

동아리의 회장은 한국인으로 친한 손님들을 통해 수소문하니 금방 찾을 수 있었다. 나는 동아리 회장에게 연락해 안주를 공짜로 주겠다며 우리 가게에 한번 와 달라고 부탁했다. 가게를 찾아온 동아리 회장에게 설명을 들어보니 그 동아리에는 중국과 일본, 몽골과 같이 가까운 나라의 학생들은 물론이고 미국, 캐나다와 같은 북미 국가나 유럽과 중동의 국가들 그리고 인도네시아, 필리핀, 베트남까지 다양한 나라에서 온 학생들이 활동하고 있었다. 설명을 듣고 나서 나는 바로 이거다 싶어 동아리와 제휴를 맺고 싶다고 이야기했다. 한국어가 서투른 학생들을 위해서 중국어와 영어로 된 메뉴판도 만들고 동아리 학생에겐 할인해 주겠다고 하자 동아리 회장은 흔쾌히 받아들였다.

동아리와 제휴를 맺은 이후에 우리 가게에는 이따금 다양한 국적의 외국인 학생들이 찾아오기 시작했다. 나는 영어를 할 수 있는 학생들과는 어느 나라에서 왔는지, 전공은 무엇인지 정도의 간단한 대화를 나누기도 하면서 유학생 손님들을 환영했다.

어느 날에는 미국 학생들이 왔는데 큰 덩치에 몇몇은 수염을 기르고 있어 나보다도 몇 살은 더 나이가 많아 보였다. 미국 학생들은 메뉴판을 신중하게 보더니 칠면조 다리를 주문했다. 우리 가게에서는 크기가 성인 팔뚝만 한 훈제 칠면조 다리를 구워서 팔고 있는데 평소에 쉽게 접할 수 없는 음식이라서 그런지 호기심에 많이들 주문하는 메뉴이다.

나는 칠면조 다리를 구워서 미국인 유학생들에게 주었다. 그리고 일하다가 슬쩍 반응을 살펴봤는데 미국인 학생들은 칠면조를 잘라서 먹더니 자기들끼리 무슨 말을 하면서 웃고 있었다. 잠시 후 나를 불러서 하는 말이 자기 나라에서 먹던 것과 똑같다는 것이었다.

나는 맛있다는 말에 기분이 좋아져서 앞으로 자주 오라고 어깨에 손을 올리며 친한 척을 했다. 미국인이 한국에 있는 술집에서 미국에서 수입한 칠면조 다리를 먹고 고향의 맛이라고 극찬하는 광경은 꽤 재미있는 광경 아닌가. 곰곰이 생각해 보니 내가 미국에 있는 동네 술집에 갔는데 그곳에서 우연히 김치찌개를 파는 걸 보고 먹었더니 한국에서 먹던 맛이랑 같은 맛이었을 때 느낌이 아닐까 싶다.

2024년 5월 21일
미국도 있고 누구는 남미 사람 같기도 하고 누구는 유럽 사람 같은 학생 무리가 왔다. 모두 스무 명 정도였는데 낯선 풍경이어서 여기가 한국인지 외국인지 잠시 헷갈렸다. 한 명이 자기가 듣고 싶은 노래를 틀어도 되냐고 물어왔다. 나는 알아서 틀어도 된다고 카운터를 양보했다. 그는 클럽에서 나올 법한 노래들을 틀기 시작했다. 유학생들은 술을 마시다 말고 모두 춤을 추기 시작했고 나는 몹시 당황했다. 가보진 않았지만 혹시 이태원의 클럽이 이런 모습일까. 여긴 달달포차인데.

서로 살아온 곳의 문화가 달라서일까. 외국인 유학생 손님들을 보면서 신기했던 일들도 많다. 흔히 러시아 사람들은 추운 날씨 탓에 높은 도수의 독한 보드카를 마시고 술을 잘 마신다고 알려져 있다. 언젠가 우리 가게에도 러시아 학생들이 온 적이 있다. 누가 봐도 러시아 사람이었지만 혹시나 해서 번역기로 어느 나라에서 왔냐고 물었더니 역시 러시아 출신들이었다. 남자 셋에 여자 한 명이었는데 휴대폰으로 메뉴판을 번역해 한참을 보더니 감자튀김을 주문했다. 그러고선 소주를 가져와 마시기 시작했는데, 안주는 거의 먹지 않으면서 소주를 병째로 들고 마시기 시작했다.

마치 휴양지 바닷가에서 홀짝홀짝 병맥주라도 마시는 사람처럼 병째로 소주를 마시는 모습을 보자니 웃기기도 하고 도대체 저렇게 마시면서 몇 병이나 마실까 궁금하기도 했다. 아마도 안주는 아무것도 시키지 않을 수는 없으니 아무거나 시킨 듯했고 그저 술을 마시려고 온 것 같았다. 그럴 거면 편의점에서 사서 마시는 게 더 저렴하지 않을까 하는 생각도 들었지만 아마 그들도 새로운 경험을 하고 싶어서 왔으리라 생각하게 됐다. 내가 집에 컴퓨터가 있어도 PC방에 가는 것처럼 말이다. 정확히 기억나진 않지만 네 명이 소주 스무 병은 마신 걸로 기억한다. 인터넷에서 말로만 들어왔던 러시아 사람의 주량을 두 눈으로 확인한 날이었다. 나는 감사한 마음에 러시아 친구들이 나갈 때 허리 굽혀 인사했다.

어디서 소문이 났는지 몰라도 우리 가게에는 세계 각국의 유학생들이 점점 더 많이 오기 시작했다. 처음에는 술을 마시는 학생들도 줄고 마시는 술의 양도 줄어서 어떻게든 망하지 않으려고 계획한 일이었지만 지금은 늘어난 매출보다는 쉽게 할 수 없는 경험을 한다는 게 좋다. 영어나 중국어 말고도 다른 나라의 기본적인 회화 정도는 공부하는 게 어떨까 고민해 본다.

· · · ·
슬럼프

　나의 하루하루는 말 그대로 똑같다. 매일 같은 시간에 같은 공간에서 같은 음식을 만들고 같은 시간에 문을 닫는다. 그건 직장인들도 마찬가지 아니냐고 할 수도 있지만, 부서나 직급이 바뀌기도 하고 한 업무를 하다가 새로운 업무를 하게 되는 직장인과 달리 자영업자는 매일 같은 일을 반복해야 한다. 그리고 대부분 직장인은 주말에 쉬기 때문에 여행을 가거나 재충전의 시간을 가질 수 있다. 하지만 나는 장사를 시작하고 나서 여행은 꿈도 못 꾸게 되었다. 혹시라도 잠깐 사이에 손님이 올까 봐 화장실 가기도 어려울 정도인데 적어도 하루나 이틀은 문을 닫아야 하는 여행은 생각도 할 수 없다. 일요일 저녁마다 인스타그램에 출근하기 싫다고 이야기하는 친구들을 보면서 나와는 다른 세상에 살고 있다고 느낀다. 휴일이 없는 내게 월요병이란 건 없으니까 말이다.

 매일 똑같으니 요일이라는 건 사실상 의미가 없어진 지 오래다. 그런 내게도 오늘이 무슨 요일인지 알려주는 신호들이 있다. 식자재가 들어오지 않는 날이면 그날이 토요일과 일요일이라는 걸 알 수 있고 술이 들어오지 않는 날은 그날이 수요일이라는 것을 알 수 있다. 냉동식품이 들어오는 건 화요일, 유독 대학교 동아리 회식 예약 전화가 많은 건 목요일. 그리고 매달 15일이면 월세와 관리비를 내고, 말일에 가스비와 전기료가 빠져나가면 이번 달도 어찌어찌 잘 마무리했다고 생각한다.

 그렇게 매일 다람쥐 쳇바퀴 돌듯 똑같은 하루를 시작하고 마무리 짓다 보니 정말 이렇게 살아도 되는 걸까 하는 생각이 들었다. 잘못된 방향이라는 게 아니라 그냥 모든 게 지루하게 느껴졌다. 어느 날은 옆에 있던 아르바이트생에게 "요즘 사는 게 재미가 없어."라고 웃으며 말했다. 그 말을 들은 아르바이트생은 나에게 취미가 뭐냐고 물어왔다. 그 말을 듣고 생각해 보니 나는 딱히 취미가 없었다. 장사를 하기 전에는 한가로운 저녁에 책을 읽는 게 취미였다. 아니면 친구들과 술을 마시거나. 남들이 쉴 때 일하는 지금은 상상도 못 할 일들이다.

 지루하고 심심했던 나는 어느 순간부터 가게에 놀러 온다는 친구들을 막지 않게 되었다. 우리 가게는 지하철역에서 멀고 버스로도 오기에 불편해서 친구들이나 아는 사람들이 온다고 하면 손사래를 치며 사양했다. 차를 가지고 온다면 대리운전 비용이 만만찮기도 하고 낮에 서울에서 보는 게 그들에게 편할 테니까 말이다. 그러나 언제부턴가 사람이 그리워진 건지 나는 찾아온다는 사람들을 막지 않게 되었다.

 친구들은 주로 출근하지 않는 주말에 우리 가게로 찾아왔다. 우리 가게는 대학교 바로 앞에 있어서 주말이면 한산하다. 다른 지역에서 통학하는 학생들은 학교에 오지 않고 기숙사에 살거나 근처에서 자취하는 학생들은 주말을 이용해 고향 집에 가거나 다른 지역에 가서 시간을 보내기 때문이다. 그래서 나는 바빴던 평일이 지나고 친구들이 놀러 오는 한가로운 주말을 선물처럼 여겼다.

 어느 날 같이 일했던 선배들이 가게에 왔다. 그날은 마침 대학교 시험 기간이라 한가했고 오랜만에 보는 선배들이기 때문에 이런저런 이야기를 하면서 함께 술을 마셨다. 그런데 어느 정도 취기가 올라왔을 때, 손님이 들어오기 시작했다. 주말인 데다 시험 기간이라 손님이 오지 않아야 하는 날이었기 때문에 나는 적잖이 당황했다. 취하지 않은 척 주문 들어온 안주를 만들어서 내어 줬다. 다시 자리로 돌아가 선배들과 자리하는데 손님이 끊이질 않았다. 두 명, 네 명, 여섯 명 계속 들어오더니 가게는 어느새 만석이 되었다. 만석이 되기 전까지는 술에 덜 취한 상태여서 안주를 무사히 만들어서 내주었다. 그런데 술이라는 게 마시고 나서 시간이 지나면서 점점 취기가 올라오기 때문에 어느 순간부터는 술에 취해 기억이 잘 나지 않았다.

 눈을 떴을 땐 내 방 침대에 누워 있었다. 술을 많이 마셨는데 용케도 대리운전을 부르고 집까지 온 것이다. 가게는 어떻게 됐는지도 모르고 해가 중천에 뜰 때까지 푹 자고 일어났다. 그러고는 어제 가게는 어떻게 하고 집에 왔을까 궁금해 떨리는 마음으로 휴대폰을 보니 문자가 여러 통 와 있었다. 포스기에서 직접 결제하고 간다는 손님, 다음 날에 결제하러 오겠다는 손님 등이 보낸 문자였다. 다행히 큰일은 없었던 것 같았지만 가게 사장이라는 사람이 술에 취해서 집에 와버렸으니 손님에게 정말로 부끄럽기도 하고 미안했다. 술집 사장이 일은 안 하고 술을 마시고 취해 있으니 얼마나 한심해 보였을까. 제발 어제 일이 꿈이었으면 좋겠다고 생각했다.

다시는 가게에서 술을 마시지 말아야겠다고 생각했으나 그 뒤로도 몇 번이나 친구들이 오거나 지인들이 올 때면 어김없이 나는 술에 취했다. 취해 있을 때 단골 손님들이 오면 합석도 하고, 어떤 손님들에게는 술 몇 병은 서비스라며 주고, 어떤 손님들에게는 계산하지 말고 그냥 가라고 했는데 다음 날이면 어김없이 후회했다. 거기에서 조금 더 취하는 날은 마치 정해진 습관처럼 가게는 나 몰라라 집에 가기 바빴다.

지금 생각하면 친구들이나 주변 사람들이 가게에 와준 데 대한 고마움과 반가움 때문이 아니라 매일 반복되는 똑같은 일상에 몸은 피로했고 마음은 지쳐 있었기 때문에 그랬던 것 같다. 가게에 묶여 있는 처지니 가끔은 취해도 괜찮다는 변명을 스스로 했던 것 같다. 그도 그럴 것이 장사가 잘되든 안되든 하루 종일 혼자 가게를 보는 일은 정말로 외로운 일이다. 어쩔 땐 영업시간에 가게에 꼼짝없이 있어야 한다는 사실이 마치 지하 감옥에 갇혀 있는 것 같은 생각이 들 정도이다.

그날은 후배들이 가게에 온 날이었다. 나는 여느 때처럼 만취했고 가게는 내팽개치고 집에 갔다. 그런데 내가 간 다음에도 남아 있던 손님들이 있었는데 결국 사고가 났다. 손님들이 술을 다 마시고 자리에서 일어나면서 깜빡하고 가스버너를 켜놓고 간 것이다. 그날은 아르바이트생도 없었기 때문에 가스버너를 끌 사람은 없었고 시간이 지나서 냄비의 국물이 졸아들어 더 이상 국물이 남지 않게 되자 연기가 나면서 타기 시작했다. 연기와 탄 냄새가 가게 밖으로 퍼지기 시작하자 다행히 당구장 입구를 청소하던 아르바이트생이 탄 냄새를 맡고 우리 가게로 내려와 곧바로 가스버너를 껐다. 시간이 조금만 더 지났으면 가게에 불이 났을지도 모른다. 나는 이런 일이 일어나고 있는 줄도 모르고 술에 취해 집에서 자고 있었다. 다음 날 출근해서 전날의 사건을 당구장 사장님에게 전해 들었다. 큰일 날 뻔했다는 생각과 부끄러움에 고개를 들지 못했다.

그때 당구장 아르바이트생이 가스버너를 끄지 않았다면 어떤 일이 일어났을까 상상하면 상상할수록 식은땀이 났다. 그날 이후로 나는 가게에 혼자 있는 날이면 술을 마시지 않기로 했다. 그리고 친구들이 오면 장사가 안되는 날이라도 아르바이트생을 불러 마감을 잘해달라고 당부했다. 친구들은 가게에 손님이라곤 자기들밖에 없는데 아르바이트생 인건비나 나오겠냐며 웃으며 한마디 했지만 가게가 홀라당 불타는 것보다야 낫다.

그때 나는 슬럼프에 빠져 있었다. 벌써 장사를 시작한 지 5년이나 되었고 매일 반복되는 똑같은 일상은 사람들을 만나고 활동적인 걸 좋아하는 나를 더 지치게 했다. 나는 억지로라도 취미를 만들어야겠다고 생각했다. 그런데 막상 취미 생활을 하려고 하니 체력이 문제였다. 매일 새벽에 퇴근해 아침이 다 되어서야 지친 몸으로 침대에 누워 자고 일어나면 어느새 출근 준비하고 가게 문을 열어야 할 시간이었다.

나는 체력이 좋은 편이라고 생각했었는데, 막상 장사를 하고 보니 퇴근할 때는 체력이 바닥나서 집까지 운전하는 것조차 힘들 지경이었다. 집에 오면 정말로 살기 위해서 그리고 체력을 보충하기 위해서 필사적으로 잠을 자야 했다. 평생 이렇게 깊이 잔 적이 있나 싶을 정도로 침대에 누우면 바로 곯아떨어졌고 단 한 번도 깨지 않은 상태로 내리 10시간을 잤다. 그래도 피로가 풀리지 않아 늘 피곤을 달고 살았다. 이러니 나는 과연 저녁 장사를 하면서 취미를 갖는 게 정말로 가능할까 싶었다.

그래서 운동부터 시작하기로 했다. 1주일에 세 번, 더도 말고 덜도 말고 20분씩 뛰기 시작했다. 그렇게 3주 정도가 되었을까. 5시쯤 자기 시작해서 오후 4시까지 자고 일어나도 피곤함을 느꼈던 내가 정오쯤이면 일어날 정도로 피로함이 줄어들었다. 이래서 사람들이 운동하는구나 싶었다. 그야말로 살기 위해 하는 운동이었다.

예전보다 일찍 일어나게 되어서 시간도 생기고 체력이 남으니 새로운 취미가 생겼다. 어릴 때 잠깐 배웠던 피아노를 다시 연습하기 시작했다. 악보는 볼 수 있으니 부족한 부분은 유튜브를 보면서 공부했다. 요즘은 세상이 좋아서 피아노를 치기 위해서 학원에 다니지 않아도 1시간에 5,000원이면 피아노 연습실을 빌릴 수 있다. 날이 추워지면 달리기 대신 헬스장에 가기도 한다. 솔직히 근육이 생기거나 몸이 좋아 보이는 것 같지는 않지만 플라세보 효과인지 건강해지는 것 같다.

무한히 반복되는 타임루프 같은 일상은 장사하는 사람이라면 무조건 겪어야 하는 운명 같은 것이다. 괜찮은 사람도 있겠지만 많은 사람이 공허함과 무기력을 느끼고 심지어는 우울증약을 먹는다는 자영업자들을 커뮤니티에서 흔하게 볼 수 있다. 자영업자 대부분이 혼자서 장시간 일하기 때문에 우울증과 같은 정신적 문제에 쉽게 노출되는 것이다. 그런데도 자영업자의 정신건강에 대한 제대로 된 통계조차 없다. 얼마나 심각한 문제인지 제대로 파악조차 못 하는 게 뼈아픈 지금의 현실이다.

지금도 어느 가게의 사장님은 슬럼프에 빠져 무기력과 공허함에 힘들어하고 있을 것이다. 그나마 잘 견뎌내었다고 생각하는 내가 하고 싶은 말은 마음의 병은 감기가 아니라서 혼자 감내한다고 해서 사라지는 게 아니라는 것, 그리고 커다란 고통을 이겨내기 위해서 반드시 그만한 크기의 행복이 필요한 것은 아니라서 작은 행복으로도 커다란 고통을 이길 수 있다는 것이다.

약한 고리 자영업자

나는 나비야말로 인내와 극복 그리고 승리의 상징이라고 생각한다. 아름다운 날개를 가진 나비는 제각기 어둡고 불안했던 과거를 품고 있다. 나뭇잎에 붙어 있는 쌀 한 톨보다 작은 알에서 생명이 태어나, 애벌레로 자라고 에너지를 모은 다음 춥고 어두운 번데기에서 때를 기다린다. 그러다 마침내 봄을 맞아 화려하게 비행하는 모습은 과거에 대한 찬란한 보상이다.

2022년 4월. 드디어 코로나19가 잦아들면서 사회적 거리 두기가 해제되었다. 우리 가게 앞 거리도 새 학기를 맞아 학생들로 시끌벅적해졌다. 나는 2년 동안 걸어왔던 춥고 어두운 터널의 끝을 만난 기분이었다. 코로나에 바짝 움츠렸던 학생들은 코로나가 시작되기 전처럼 모이기 시작했다. 완연한 봄이었다. 사람이 모이니 당연히 손님도 늘었다. 사회적 거리두기 제한이 풀린 직후에 카드 사용량이 60%가 늘어났다고 한다. 우리 가게는 그보다 더 매출이 늘었다. 지난 2년 동안 대출까지 받으며 버텼고 나는 마침내 승리했다.

그러나 반짝 호황은 오래가지 못했다. 저 멀리에서 일어난 러시아-우크라이나 전쟁이 길어지면서 물가는 하루가 다르게 오르기 시작했다. 정부는 공공기관 적자를 이유로 공공재인 전기요금과 가스요금을 지난 1년간 몇 차례나 올렸다. 게다가 점점 높아지는 금리는 전혀 예상하지 못한 일이었다. 코로나 당시 1% 수준의 낮은 금리로 받은 대출들의 이자가 4% 이상으로 올랐다. 매달 내야 하는 이자만 3배 넘게 오르니 점점 부담이 커졌다. 커지는 비용들을 감당하기 어려워진 자영업자들은 조금씩 가격을 올리기 시작했다.

"그 돈이면 국밥 사 먹는다."라는 말이 있다. 2019년쯤 유행한 인터넷 밈이다. 메뉴를 고를 때 저렴하고 양이 많으면서도 맛도 있는 국밥과 비교한다는 의미다.

그러나 점점 오르는 물가를 버티지 못한 국밥집들은 가격을 올리게 되었고, 지금은 국밥 한 그릇에 1만 원이 넘는 곳이 부지기수다. 국밥은 더 이상 가성비 있는 한 끼가 아니게 되었고, 사람들은 이제 "그 돈이면 국밥을 사 먹지."라는 말을 쓰지 않는다. 어려워진 경기가 유행어도 사라지게 만든 것이다.

외식을 포함한 물가가 올라가니 사람들은 소비를 줄이기 시작했다. 코로나 팬데믹을 온몸으로 겪으며 이미 허약해진 자영업자의 기초 체력은 닫힌 지갑에 치명상을 입었다. 이제는 빚을 갚지 못하는 자영업자 소상공인들이 늘어나고 있다. 제1금융권에서 대출받을 정도면 꽤 우량한 가게일 텐데, 자영업자의 제1금융권 대출 연체율이 10년 만에 최고치를 기록했다고 한다. 자영업자의 급전으로 이용되는 카드론의 잔액은 42조 3,873억 원(24년 12월)으로 작년 같은 기간보다 9.35%(38조 7,613억 원) 늘어났다. 더 심각한 것은 카드론 연체율이 3.1%로 코로나 이전인 2019년 1.9%보다 상당한 수준으로 높아졌다는 것이다.

어려운 상황에 놓인 자영업자가 늘어나는 현상은 단

순히 자영업자 한 사람의 문제로 끝나지 않는다. 자영업자들은 소비자로서 도소매업, 유통업, 제조업 등 다양한 산업과 연결되어 있다. 자영업의 위기는 경제 전반에 걸쳐 상당한 영향을 미칠 수밖에 없다.

또한 우리나라에서 자영업은 전체 고용의 큰 비중을 차지하고 있으므로, 자영업자들의 연쇄적인 폐업은 곧 실업자의 증가로 이어진다. 실업자가 늘어나면 이들의 소비 여력이 감소하고, 이는 소비 위축을 초래한다. 소비가 줄어들면 자영업자들의 매출도 감소할 수밖에 없으며, 결국 또 다른 자영업자의 폐업을 불러오는 악순환이 반복된다.

특히, 지방의 경우 양질의 일자리가 부족하고 고령화가 심화하면서 지역 경제가 자영업에 크게 의존하고 있다. 따라서 지방 자영업자의 몰락은 지역 경제 자체의 붕괴로 이어질 수도 있다. 또한 지방에서 생계가 어려워진 자영업자들은 수도권으로 이동할 가능성이 커진다. 이는 지방의 인구 유출을 가속화하고, 결국 지역 불균형을 심화하는 결과를 초래한다. 즉, 자영업 위기는 단순한 개별 사업장의 문제가 아니라, 경제 전반과 지역 균형 발전에도 심각한 영향을 미치는 구조적인 문제인 것이다.

현재 자영업자와 소상공인이 직면한 어려움은 그 어느 때보다 심각하며, 이에 대한 정부의 재정 지원이 시급한 상황이다. 그러나 정치권은 추경(추가경정예산)을 둘러싸고 첨예하게 대립하고 있다. 민주당은 전 국민 민생지원금, 상생소비 캐시백, 8대 분야 소비 바우처, 지역화폐 할인 지원 등을 포함한 13조 원 규모의 추경안을 제시했다. 이에 반해 국민의힘은 연 매출 1억 400만 원 이하의 소상공인에게 공과금 지원 등의 목적으로 1인당 100만 원 상당의 바우처를 지급하는 방안을 추진 중이다. 민주당의 소비 진작을 위한 추경안에 대안 없이 반대했던 국민의힘이 쏟아지는 비난에 뒤늦게 내놓은 대책이다.

나는 소비 활성화를 위해 전 국민 민생지원금을 지역화폐로 지급하는 것에 찬성한다. 정책의 특성상 이전에 시행된 적이 있다는 것은 사례가 있다면 당장에 실행할 수 있는 가능성이 있다는 것이기 때문이다. 또한 보편적인 지역화폐는 소비 진작 효과가 분명히 있기 때문이다.

지금 수많은 자영업자는 하루하루 버티기조차 힘든 상황이다. 이런 현실에서 재정 지출의 방식에 대한 정치권의 논쟁이 야속하게만 느껴진다. 중요한 것은 방법이 아니라 속도다. 하루라도 빨리 실질적인 지원이 이루어져야 한다.

이런 상황에도 여전히 추경 자체에 반대하는 목소리가 있는 게 현실이다. 정치를 하려는 한 후배는 SNS에서 14조 3,000억 원의 예산이 투입된 것에 비해 소비 증가 효과가 26.2~36.1%라는 KDI(한국개발연구원)의 발표를 근거로 민생회복지원금에 반대했다. 공동체의 유지와 발전을 위해 우리 사회의 약한 고리를 튼튼히 하려는 노력을 효율성과 재정 문제를 이유로 외면하는 모습은 너무나 냉정하게 느껴졌다. 굳이 그 친구가 소위 금수저를 물고 태어났다는 사실을 언급하지는 않겠다. 평소 나는 정치인이 가져야 할 가장 중요한 덕목으로 다른 사람의 고통에 공감할 수 있는 능력이라고 생각했다. 그 후배는 그런 나의 기준으로 볼 때 전혀 기대가 되지 않았다.

《맹자》〈진산〉 편에 "고관어해자 난위수(高觀於海者 難爲水)"라는 문구가 있다. 이는 "바다를 본 적이 있는 사람은 감히 물에 대해 함부로 말하지 않는다."는 뜻이다. 물을 쉽게 생각하는 사람은 정작 바다 근처에도 가본 적 없는 사람일 것이다. 겪어보지 않은 일, 더구나 다른 이의 가정과 생명이 걸린 문제를 함부로 판단하지 않기를 바란다.

한편으론 성공적인 정책들도 있다. 그중 하나가 경기도 골목 상권 조직화 지원사업이다. 30개소 이상의 골목 상권 소상공인을 조직화해 상인회를 결성하도록 지원하는 정책으로 고유번호증 발급, 공동 마케팅, 시설환경 개선, 회의비 등을 연차별·단계별로 지원한다. 경기도는 2019년부터 신규 상인회를 조직화하여 총 376개소의 상인회를 결성했다. 또한, 지역 단체 및 임대인·임차인 간 상생 협약을 체결하고, 지역 대학과 시·군 등과 협력하는 다양한 공모사업을 추진하며 골목 상권의 문제를 지역사회와 함께 진단하고 해결할 수 있도록 돕고 있다.

결과를 보면, 상인회에 가입한 골목 상권 자영업 점포의 경우 미가입 점포에 대비 2019년 매출액, 2020년 매출액 모두가 높게 나타났다. 상인 조직화를 통해 공동

마케팅 및 공동시설 환경개선 등 공동사업을 통해 규모의 경제 효과 및 경영 노하우, 정보 제공, 벤치마킹 등 공유를 통한 네트워킹 효과 때문으로 유추할 수 있다. 따라서 상인 조직화를 통해 상인회 가입을 통한 공동마케팅, 공동시설 환경개선 사업을 통해 자생력 있는 골목 상권으로 발전할 수 있도록 지원하여야 할 것이다(홍영진·이정희, 2022).

또한 폐업하는 자영업자들을 지원하는 정책도 필요하다. 폐업을 하는 데 드는 비용에 대한 부담을 오롯이 개인의 책임으로만 돌려서는 안 된다. 자영업자가 폐업하는 과정에도 여러 어려움이 따른다. 우선, 폐업을 하려면 수백만 원에서 1,000만 원이 넘는 철거 및 원상복구 비용이 필요하다. 창업 당시 지급한 권리금을 돌려받지 못하는 경우가 많아 이런 비용을 고스란히 부담해야 한다. 여기에 대출이 남아 있다면, 폐업과 동시에 원금을 한꺼번에 상환해야 한다. 이러한 부담을 줄이기 위해 자영업자의 대출을 공공 금융기관의 대환대출로 전환하고, 폐업 이후 일시 상환 의무를 완화하는 방안이 필요하다.

자영업의 몰락은 자영업자 비중이 지나치게 높은 구조적 문제에서 비롯되므로 단순히 폐업을 유도하는 것만으로는 해결되지 않는다. 폐업 후 다시 재창업을 해야 하는 구조에서 자영업자 비율은 낮아지지 않는다.

결국, 중장기적으로 자영업 문제를 해결하기 위해서는 자영업자 수를 줄여야 한다. 그러기 위해서는 자영업자의 안전한 임금 노동자로의 연착륙이 필요하다. 자영업자가 줄어드는 만큼 실업자가 늘어나고 빈곤층이 늘어날 수 있다. 대한민국의 높은 자영업자 비율은 산업화와 경제 위기를 거치며 발생한 구조적 문제를 정부가 방치한 결과로 볼 수 있다. 따라서 정부는 자영업자가 안정적으로 임금 노동자로 전환할 수 있도록 양질의 일자리 창출, 취업 기회 확대, 재취업을 위한 교육 지원 등을 적극적으로 추진해야 한다. 특히, 내일배움카드와 같은 기존 제도를 활용해 실질적인 재취업 교육비 지원을 강화할 필요가 있다.

위에서 언급한 정책들은 대부분 이미 논의된 내용들이다. 그런데도 아직 실행되지 않는 이유는 자영업자 소상공인에 대한 행정관청의 정책 의지의 문제로 보인다. 자영업자 소상공인 600만 명의 삶을 책임지는 공공 연구기관이 없다는 사실은 정책 의지가 부족하기 때문이 아닐까. 탄핵 정국이 오래 이어지고 있다. 부디 다음 들어설 민주적인 정부에서는 자영업자 소상공인을 위한 정책이 후순위로 밀리지 않기를 기도한다.

지금의 여러 어려운 상황을 극복하기 위해 자영업자가 정말로 원하는 건 무엇일까. 2024년 국회의원 선거가 끝난 다음 소상공인연합회는 22대 국회에 바라는 소상공인 실태조사를 발표했다. 실태조사에 따르면 소상공인이 '22대 국회에 최우선적으로 바라는 정책'은 금융부담 완화를 위한 금융지원 확대인 것으로 나타났다. 응답자 중 64%(복수응답)가 이를 꼽았다. 이어서 '에너지 비용 지원, 결제 수수료 인하 등 소상공인 경영부담 완화' 47.8%, '최저임금 제도개선 및 인력지원 등 노동환경 개선' 29.1%, 온누리상품권 및 지역화폐 등을 동한 매출활성화방안 마련 24.4%, 소상공인 상가임대차 제도개선 23.5% 등의 순이었다.

자영업자 생존일기

에필로그

원고를 마무리할 즈음, 오랜 고민 끝에 장사를 그만두기로 결정했습니다. 선배가 5년, 그리고 제가 또 5년을 운영한 달달포차는 이제 새로운 주인을 기다리고 있습니다. 다행히 걱정할 일은 아닙니다. 장사가 잘 안되서 그만두는 게 아니니깐요. 제가 가게를 정리하는 이유는 '어떻게 살아갈 것인가'에 대한 답이 잘되는 가게를 붙잡고 있으면서 돈을 많이 버는 건 아니기 때문입니다. 아직 정해진 것은 없지만 중요한 건 현재에 안주하지 않고 알을 깨고 나오는 게 먼저라고 생각합니다. 그래야 새로운 길이 열릴 테니까요.

달달포차는 단순한 생계 수단이 아니었습니다. 생에 가장 뜨거운 시기, 모든 열정을 이곳에 쏟아부었습니다. 처음 문을 열 때는 비용을 조금이라도 아끼기 위해 인테리어부터 소품 하나까지 직접 손을 댔습니다. 그렇게 손길이 닿은 곳마다 시간이 흐를수록 기억과 애정이 차곡차곡 쌓여갔습니다.

어느 날 피곤에 절어서 눕듯이 앉아 있는 저를 보던 아빠는 "쉽게 할 수 없는 좋은 경험 하고 있다."라고 말했습니다. TV로 보던 자영업자의 이야기가 남이 아닌 나의 이야기가 된 순간들이 감사할 따름입니다. 무심코 지나쳤던 가게들, 그리고 그곳에서 저마다의 삶을 살아가는 사람들을 보는 마음의 자세가 어느 순간 바뀌었단 것도 느낍니다.

수천 명의 새로운 사람들을 만나고 접객하는 일은 저에게 정말로 소중하고 값진 경험이었습니다. 두 손에는 수없이 칼에 베인 자국과 기름에 덴 흉터가 남았지만, 그것이 고통으로 느껴지지는 않았습니다. 오히려 나무의 나이테처럼 새겨져 나를 더 단단하게 만들어 주었습니다.

사실 이 책은 가게 일이 바쁘다는 핑계와 저의 게으름 때문에 하마터면 세상에 나오지 못할 뻔했습니다. 하지만 곁에서 끊임없이 응원하고 닦달도 하면서 격려해 준 분들이 있었기에 마침내 이렇게 마무리 짓게 되었습니다. 이 자리를 빌려 헬마우스 임경빈 작가, 오창석 시사평론가, 그리고 노무현재단 황희두 이사에게 깊은 감사를 전합니다. 특히 책을 한번 써보는 게 어떻겠냐고 제안해 준 오창석 시사평론가에게는 이제까지 당연하지 않은 많은 도움을 받았습니다. 고맙습니다.

마지막으로, 부족한 글임에도 불구하고 이 책을 펼쳐 읽어주신 독자 여러분께 진심 어린 감사 인사를 드립니다. 그리고 어김없이 오늘도 가게 문을 열고 손님을 맞이하는 전국의 자영업자 여러분을 뜨겁게 응원합니다.